LA INDIA

MIRCEA ELIADE

LA INDIA

Traducción del rumano por
Joaquín Garrigós

Herder

Versión del rumano por JOAQUÍN GARRIGÓS de la obra de
MIRCEA ELIADE, *India*,
Editura Cugetarea, Bucarest
Publicada también en francés –*L'Inde*– por Editions de L'herne

Diseño de la cubierta: RIPOLL ARIAS

© *1988, Editions de L'herne*

© *1997, Empresa Editorial Herder, S.A., Barcelona*

Segunda edición 2000

La reproducción total o parcial de esta obra sin el consentimiento expreso
de los titulares del *Copyright* está prohibida al amparo de la legislación vigente.

Fotocomposición: gama, sl
Imprenta: COMETA, S.A.
Depósito legal: Z – 4-2000
Printed in Spain

ISBN: 84-254-2013-X   **Herder**   Código catálogo: GEN2013
Provenza, 388. 08025 Barcelona - Teléfono 93 476 26 26 - Fax 93 207 34 48
E-mail: editorialherder@herder-sa.com - http: // www.herder-sa.com

Índice

El «descubrimiento» de la India por Mircea Eliade,
  por Mircea Handoca, 9
Prólogo a la segunda edición, 33

Ceilán, 41
Peregrinación a Rameshwaran, 47
Madura: parada y fonda, 51
Madrás, 57
110° Fahrenheit, ciclón dirección SO, 61
Benarés, 67
La Kumbh-Mela en Allahabad, 75
Amritsar y el templo de oro, 83
Jaipur, 91
En Rajastán, 101
Cocodrilos (Fragmentos de un diario de caza, 1931), 109
Diario del Himalaya, 117
Veraneo en Darjeelin, 123
En la colina del Tigre, 129
Funerales en Lebong, 135
En un monasterio, Zok-chen-pa, 141
Cuando llega el Monzón, 147
Monasterios y anacoretas del Himalaya (1930), 155
En la frontera de Afganistán (Fragmentos), 195
En Shantiniketan, 205
Habla Rabindranath Tagore, 213
Habla Srimati Devi..., 221
Durga, la diosa de las orgías, 225
Diálogo con un nacionalista indio, 231

El «descubrimiento» de la India por Mircea Eliade

El país de los Vedas y los Upanisads fascinó la adolescencia y la juventud de Mircea Eliade. El primer contacto con la vieja India tuvo lugar estando en sexto curso de bachillerato, cuando el alumno Mircea Gh. Eliade dio una conferencia sobre Rama, para lo que se documentó exclusivamente del libro *Les grands initiés*, de Schuré.

En los escritos autobiográficos de Eliade todavía palpita, decenios después, la indignación del adolescente inducido al error y resalta su decisión de no dejarse seducir nunca más por el falso brillo de obras de divulgación popular, y acudir directamente a las fuentes.

«Y cuál no sería mi sorpresa y coraje al enterarme, poco después, de que se trataba de un cuento místico inventado por Schuré. Creo que ya entonces surgió en mí la desconfianza en los aficionados, el temor a dejarme engañar por alguno, el deseo cada vez más ferviente de acudir a las fuentes, de consultar exclusivamente las obras de especialistas, de agotar la bibliografía»[1].

Estimulado por el profesor de latín Nedelea Locusteanu, en 1924 empieza a estudiar sánscrito sirviéndose del manual de Pizzagalli. Poco antes, había aprendido los primeros rudimentos de otras dos lenguas orientales: hebreo y persa.

1. *Memorii, I*, 1966, pág. 79. [Hay versión española, Madrid, 1983. *Nota del traductor.*]

La lucha contra el sueño y los ejercicios para domeñar la voluntad en los últimos años de bachillerato y primeros de facultad, el deseo de superar su propia condición, representan el punto de partida de las técnicas de yoga.

Junto a los artículos de historia de las religiones y de alquimia, empiezan a aparecer los de orientalística. En *Stiu tot, Orizontul* y *Revista tinerimii*, Mircea Eliade escribe sobre la antigua literatura india, con referencias eruditas a Sakuntala, Bhagavad-Gita y Bhaminivilasa.

La apología del budismo, el libro de Carlo Formichi, profesor de lengua y literatura sánscritas en la Universidad de Roma, encuentra en Eliade un entusiasta valedor. Ese libro «tendrían que leerlo todos los que miran con indiferencia o con prejuicios el extraño y admirable fenómeno religioso que ha sido el budismo»[2].

Entre los primeros artículos aparecidos en *Cuvântul* figura «El dinamismo religioso en la India», unas consideraciones personales a propósito de otro libro de Formichi: *Il pensiero religioso nell'India antica*[3]. Días más tarde publicará en el mismo periódico *Oriente y Occidente*[4]. Consagra a Asvagosa, reputado autor de la vida de Buda, dos extensos artículos comparando su poema *Buda carita* con la *Divina Comedia*, y la *Eneida*[5] con la vida y los cantos de Milarepa[6].

Durante el verano de 1927, como becario de la Sociedad de Naciones, se dedica a leer en Ginebra libros de orientalismo a los que no podía tener acceso en Bucarest.

La apología de la virilidad, publicada en enero de 1928, recuerda a la India por la desconcertante mescolanza de ascetismo, exaltación metafísica y sexualidad.

En Italia, en la primavera de ese mismo año, paralelamente a la preparación de su tesis de licenciatura sobre el Renacimiento ita-

---

2. «Apología del budismo. Anotaciones marginales al libro de Formichi», en *Adevarul literar si artistic*, 5-9-1926.
3. 21-11-1926.
4. 1-12-1926.
5. *Asvagosa*, 24-2-1927.
6. *Milarepa*, 29-7-1927.

liano, completa sus conocimientos de filosofía india en la Biblioteca de la Universidad de Roma y en el seminario de indianística.

Una tarde de mayo de 1928, tras leer en el prefacio del primer volumen de la *Historia de la filosofía india* de Surendranath Dasgupta las alusiones del autor a la obra cultural del maharajá de Kassimbazar Maninda Chandra Nandi, escribe a este último solicitándole una beca y poniéndole de manifiesto su deseo de pasar dos años en Calcuta estudiando con el profesor Dasgupta. Al propio tiempo, se dirige también al célebre profesor indio pidiéndole que acepte ser su maestro. Al cabo de tres meses, el maharajá le contesta favorablemente. E, igualmente, Dasgupta consiente tenerlo como doctorando.

Henchido de alegría, en un estado de permanente euforia, el solicitante no pierde su lucidez. Con palabras y promesas no se puede llegar a la India. Por ello, recaba la ayuda de sus profesores de la Universidad de Bucarest, quienes le recomiendan que haga una petición al Ministerio de Finanzas, petición que ellos informan muy favorablemente. Constantin Radulescu-Motru: «Recomiendo calurosamente al peticionario pues lo conozco y es un licenciado con extraordinarias dotes para los estudios filosóficos y que, a lo largo de todos los cursos de la carrera en nuestra Universidad, alcanzó las más altas calificaciones».

D. D. Pogoneanu y D. Gusti se adhieren a las recomendaciones y apreciaciones de su colega.

La segunda carta del maharajá le asegura que percibirá la beca tan pronto llegue a Calcuta. Aunque el Ministerio de Finanzas no había respondido su petición, su tío Mitache le presta una suma bastante importante. Con gran dificultad logra obtener el visado inglés, limitado a tres meses, para participar como delegado de la YMCA en un congreso en Poonomalee, cerca de Madrás. El 22 de noviembre de 1928[7] parte de la Estación del Norte hacia

---

7. Para establecer con exactitud la cronología del itinerario nos basaremos primordialmente en documentos auténticos (cartas, documentos, anotaciones de diario consignadas inmediatamente, artículos, entrevistas) y no en los datos de la autobiografía. Por muy excepcional que sea la memoria de nadie (y la de Mircea Eliade ciertamente lo era)

La India

Constanza y de ahí, en un barco rumano, se dirige a Egipto, siendo Alejandría la primera escala en su largo viaje.

Las treinta horas de tormenta en el Mediterráneo no lo intranquilizan demasiado. En el primer reportaje aparecido en *Cuvântul* recordará cómo, cinco años atrás, yendo en barca con unos amigos por el mar Negro, les sorprendió una tempestad sin tener pan, ni agua, ni esperanzas. Si en la adolescencia le dio miedo, ahora, en el camino hacia «la tierra de promisión» ni tan siquiera se le pasa por la cabeza la idea de un naufragio.

Las impresiones de viaje, numerosas y variadas, informan con precisión de lo esencial. Con frases lacónicas, la aglomeración de verbos expresa, por ejemplo, el ajetreo, el ir y venir del puerto de Alejandría.

«Los mozos de cuerda gritan, llaman, aseguran, traban amistad con los de a bordo, ríen, se tutean, ofrecen servicios, los regatean, los ajustan. Es una algarabía de bazar y de zoco»[8].

Durante los tres días que permaneció en Egipto, visitó el ba-

---

ésta no puede precisar, varias décadas después, la fecha exacta de los acontecimientos. El viaje se inició no el 20 de noviembre, como recuerda en sus *Memorias* el protagonista principal, sino dos días más tarde. He hecho esta pequeña «rectificación» basándome en la primera carta de Mircea Eliade a su familia y en la primera misiva dirigida a su buen amigo Haig Acterian. También el 22 de noviembre se escribió la dedicatoria en la primera página de un libro que, en la misma estación, le regaló un amigo. He revisado el ejemplar y ésta es la transcripción que figura en las guardas del libro de Jacques Rivière *A la trace de Dieu*: «*À mon ami Mircea Eliade. J'ai appris à aimer la formidable pensée intérieure qui anime ton être. Ta superbe aventure, nous la souivons avec agoisse et confiance. Tu as eu l'audace d'être celui qui ose vivre sa vie. Nos veux t'accompagnent et nos pensées te suivent. Puisses tu devenir le veritable Homme de nos rêves. Bien à toi, Ionel Jianu, ce 22 novembre 1928*».

Muy recientemente, el autor de estas líneas tuvo acceso al pasaporte de Mircea Eliade, de profesión periodista, en viaje a Asia, Egipto y Europa. El visado de la policía del puerto de Constanza es claro: 22 de noviembre.

8. «Falso diario de a bordo», *Alejandría, Cuvântul*, 11-12-1928.

rrio árabe y el Museo arqueológico de El Cairo. De los artículos publicados y de la correspondencia con su familia se desprende la admiración que sintió ante el esplendor de los jardines de bejucos, que se le antojaban los de las *Mil y una noches*. Le encantaron los quioscos de madera de palmera, las guirnaldas de flores perfumadas, las terrazas y cuevas artificiales. Al entrar en el templo subterráneo de la Esfinge ocurrió un divertido incidente. El visitante, profundo conocedor de docenas de pormenores de la historia de Egipto, hizo algunas preguntas aparentemente inocentes a un guía ignorante que, asustado a más no poder, se puso a llamarle *Herr Direktor*.

El 1º de diciembre toma de nuevo el tren con dirección a Port-Said, en donde embarcará en el trasatlántico japonés *Hakone Maru*. Los reportajes de *Cuvântul* describen pormenorizadamente la travesía por el mar Rojo y después por el océano Índico. El joven pasajero expresa su desdén ante la altanería y el tedio de los de primera clase y aboga *pro domo sua*:

«Un viaje en tercera clase es instructivo, si uno se cansa de observar, y divertido. Los pasajeros son variopintos y comunicativos. Así, se entera de retazos de vidas verdaderamente inéditas. Los aristócratas, los burgueses y los nuevos ricos, en todas partes son iguales. Todos procuran llevar la consabida máscara y, en el curso de un viaje, raramente puede uno penetrar detrás de ella. En la tercera clase de los grandes vapores se encuentran gentes extrañas y sencillas, náufragos de la vida o que luchan a tumba abierta para someterla, aventureros y comerciantes, estudiantes, actores»...[9].

Una noche, asiste en el puente a un espectáculo teatral interpretado por el personal de servicio. Un profesor de antropología explica el argumento de las comedias que se interpretarán dando así una pátina de intelectualidad a un acto de solaz.

La noche del 12 de diciembre, al llegar a Ceilán, primer punto del país de sus sueños, se separa con pena de los amigos que había hecho en la travesía. A los estudiantes japoneses todavía les quedaban veinte días de viaje.

---

9. «Falso diario de a bordo, Port-Said», id., 25-1-1929.

La India

Las primeras «sensaciones» que le brinda la India son olfativas: «Y es un olor que te remueve, que te marea, que no sabes identificar, que no sabes dónde buscarlo, que te azota incesantemente en pleno rostro como si fuera un viento ardiente y acariciador. Es un perfume desconocido que te sigue por doquier en Ceilán y cuanto más te adentras en la jungla, más inmaculado y alucinante lo sientes».

No puede contener su entusiasmo y en la correspondencia que envía a Rumania describe con todo detalle las bellezas sin par de esta «perla de Oriente», donde todo huele a flores de canela.

En Colombo, callejea en *riksa* por toda la ciudad y se detiene en un minúsculo parque rebosante de flores y plantas trepadoras entre las que pululaban los lagartos. En Adyar entabla una irónica polémica con dos adeptos a las doctrinas teosóficas. Eso no le impide apreciar los manuscritos orientales de la biblioteca. Con sorpresa, allí se encuentra con el profesor Dasgupta, llegado expresamente para consultar unos manuscritos tántricos inéditos. Esta fue la impresión que le produjo su futuro gurú, tras su primer encuentro:

«Es un hombre achaparrado, al que la ropa europea y la forma de peinarse le dan un aire impreciso. Los ojos le brillan pero de tanto leer tiene ojeras. Es uno de los pocos que pueden entender un texto sánscrito. Por otro lado, para ello ha necesitado unos veinticinco años de estudio... El profesor habla con timidez y sonríe»[10].

Son interesantes sus impresiones del Congreso estudiantil de Poonomallee, en los alrededores de Madrás. Pero no podemos demorarnos más. Vayamos rápidamente con él hasta Calcuta, adonde nuestro protagonista llega, después de dos días y dos noches de tren, el último día del año 1928. Con ayuda de su profesor se instalará en una pensión angloindia (en Ripon St., 82), donde permanecerá hasta finalizar el año. Era una familia numerosa que por la cantidad de 90 rupias al mes (importe de la beca concedida por el maharajá) le ofrece alojamiento y cuatro comidas diarias. «Era un edificio grande, planta baja y piso, rodeado de patio y jar-

---

10. «Lo que vi en la India, Adyar», id., 9-2-1929.

dín, que al principio me pareció enorme. Tenía un inmenso recibidor que servía también de comedor y en el que había un piano, varios sillones y divanes. A derecha e izquierda del recibidor se abrían tres grandes habitaciones a cada lado con ventanas que daban al jardín. En mi habitación dormían tres jóvenes: los dos hijos de la señora Perris y un angloindio de Goa llamado Lobo»[11].

Aunque en las cartas a sus familiares y amigos habla de un ambiente intelectual en la pensión, éste, en realidad, era más que modesto: telegrafistas, bailarinas, modistas, dependientas.

El primero de año, acompañado de Dasgupta (vestido a la europea y descalzo), es presentado a su ilustre protector, quien pasaba su vida ayudando a los demás y haciendo buenas obras: «Todo cuanto sé de él es que envía a jóvenes indios a estudiar a Europa, que edita obras de autores pobres, que levanta estatuas a los poetas bengalíes y lee el sánscrito. Es un mecenas que sonríe mientras le das las gracias, pero que presta mucha atención a los resultados y frutos de sus patrocinados. Rinde un auténtico culto al sánscrito, pero también compra todos los libros buenos europeos»[12]. Su extraordinaria biblioteca estaba instalada en tres habitaciones del sótano de la casa de Dasgupta.

El joven Mircea Eliade se va adaptando lentamente. Al cabo de sólo un mes, el profesor Ranado lo invita a dar una conferencia en Allahalad sobre las relaciones entre la filosofía oriental y la occidental. Conoce a un célebre botánico vienés que había ido a la India a estudiar su flora, y es invitado por Stella Kramrisch, profesora de Historia del Arte de la Universidad de Calcuta.

Sus amigos rumanos lo respaldan, siguen con confianza y se interesan con afecto en todo cuanto le ocurre y lo apoyan. Leen con emoción el «Falso diario de a bordo», se divierten y, a veces, se impresionan. Todos comprenden que ese viaje significa algo *esencial*.

En carta fechada el 17 de enero de 1929, su buen amigo Ionel Jianu, entre otras cosas, le decía: «El eco de nuestras pequeñas

---

11. *Memorias, vol. I, Las promesas del equinoccio.*
12. «Lo que vi en la India. La biblioteca del maharajá», *Cuvântul*, 29-2-1928.

trapisondas no puede llegar hasta ti. Desde ahora tú ya estás dentro de ese mundo en el que se encuentra lo Eterno a cada paso, y me arrepiento de haberte hecho partícipe, en cierto modo, de nuestros mezquinos chismorreos que llenan de desdicha nuestra miserable existencia».

Marcharse a la «gran aventura» con unos medios económicos insuficientes, rehusando el consuelo y sufriendo moral y materialmente, lleva al propio Ionel Jianu a escribir el 2 de marzo de 1929: «Tienes razón al decir que no debes volver de allí sólo como un hombre de ciencia. Si así fuera, consideraría tu aventura como un rotundo fracaso. Consumiendo intelectualmente los conocimientos que allí adquieras y las peripecias vividas, tu ser cobrará un nuevo sentido y tu existencia un significado».

Petru Comarnescu participa del mismo entusiasmo y publica fragmentos de su correspondencia con Mircea Eliade en la segunda página del diario *Ultima ora*[13].

El 26 de marzo de 1929 escribe una carta al autor (célebre ya a la sazón) del *Itinerario espiritual*. «Me alegro de verte con tanta energía como cuando te fuiste. Es más, parece que aún tienes más enraizada, en esta fase de tu vida, el ansia de saber. Prometes grandes cosas, como esa *Crítica del concepto de causa en el budismo*, que podría tratarse de un interés capital. La inaccesibilidad de la India que, sin embargo, siquiera en un sentido restrictivo, a ti sí te ha sido accesible, hace de los estudios que estás preparando ahora la piedra de toque, cosa que, por otro lado, caracteriza a toda la aventura que has emprendido».

De la respuesta a Petru Comarnescu selecciono un párrafo: «No puedo dejar de decirte lo mucho que me alegró tu carta, llena de verdades a las que nosotros, o si lo prefieres los europeos y los rumanos, no estamos acostumbrados. El sentido en que llegas a la auténtica realidad, el entusiasmo de tus nuevos conocimientos metafísicos te honra y nos hace a nosotros, a tus amigos, interesarnos aún más por ti, porque deseamos más impacientemente que compartas con nosotros las exploraciones de tu mente».

Opiniones parecidas las encontraremos, de forma más o me-

---

13. 12 de enero, 21 de febrero, 22 de mayo y 30 de julio de 1929.

nos certeramente expresadas, en sus cartas a Haig Acterian, Constantin Noica, Mircea Vulcanescu, Mihail Polihroniade y tantos otros.

Victor Stoe confió sus pensamientos a la imprenta mostrando que Mircea Eliade «está siempre tan presente entre nosotros y en la conciencia del público intelectual como antes de su marcha. Mircea Eliade es el mago de su generación»[14].

Lejos de su gente, Eliade se lleva una gran alegría cuando recibe de Rumanía una beca de cinco meses. Eso le ofrece la posibilidad de organizar, en los meses de marzo y abril de 1929, una excursión a la India central, Allahabarad, Benarés, Delhi, Ogra, Jaipur y Ajmir.

Una insolación que le provoca una fuerte hemorragia, teniendo como telón de fondo la India de los contrastes, constituirá el núcleo de su artículo «110º Fahrenheit, ciclón dirección SO», publicado inicialmente en *Cuvântul* y que ulteriormente pasó a ser un capítulo del libro *La India*.

Bajo la terrible canícula del verano de 1929, empieza a trabajar en su novela *Isabel y las aguas del diablo*. Escribe con frenesí; a continuación se interrumpe para anotar en su diario: «Interrumpo mi trabajo para consignar aquí lo terrible y dulce a la vez que me resulta escribir»[15].

Su segundo viaje, en mayo y junio, tiene como destino el Himalaya. Instalado en un modesto hotel de Darjeeling, se propone seguir estrictamente un determinado «programa», en el sentido de pasarse las mañanas recorriendo los alrededores, estudiando sánscrito por las tardes, y trabajar en su novela por las noches. Visita los monasterios budistas del contorno y al salir el sol contempla la blanca cumbre del Everest, a 200 kilómetros de distancia.

En los bosques de Lebong encuentra una vegetación lujuriante, inimaginable para un europeo; lagartos tan grandes como go-

---

14. «El mago de una generación», publicado en *Viata literara*, nº 127, 1930.

15. *Santier*, Bucarest, 1935, pág. 66. [Versión española con el título *Diario íntimo de la India, 1929-31 (novela indirecta)*. Ed. Pre-Textos, Valencia, 1997. Trad. J. Garrigós. *Nota del traductor.*]

rriones trepando en masa por los árboles; serpientes pululando por los valles. Visita un monasterio budista que estaba al cuidado de un joven monje ignorante, cosa que lo decepciona.

No podemos pasar por alto el carácter etnográfico de algunas páginas. Por ejemplo, el pintoresco ceremonial de un entierro tibetano. En el monasterio se abalanza «con avidez» sobre los manuscritos: la traducción tibetana de *Bhagavad-Gita*, escrita con tinta dorada sobre pergamino; textos nepalíes con miniaturas de colores. Hojea «un tomo enorme que contiene la historia popular de Buda escrita hace cuatro siglos con caligrafía perfecta, con caprichosos adornos entre las líneas».

Le encantan las pinturas murales y se detiene largo rato contemplando escenas de la vida de Milarepa, «el poeta criminal por el que conservo una vieja pasión».

También pasa por momentos dramáticos, siendo el más notable la expedición a Sikkim que describió detalladamente en «cuando viene el monzón», capítulo del presente libro.

En medio de lluvia y niebla, ejércitos de sanguijuelas invaden la jungla, camino de las alturas. Sin verlas, oyéndolas solamente arrastrarse, el aterrado caminante se ve invadido por ellas; se le pegan en las manos, en el cuerpo, en la cara y sale con vida de auténtico milagro. Ese acontecimiento era inolvidable y volveremos a encontrarlo en las *Memorias*: «Después, y durante años, he tenido la misma pesadilla: me veía tratando de subir una pendiente inundada de lluvia. Resbalaba y no podía levantarme. Una masa pegajosa y viva, compuesta por miles de sanguijuelas, avanzaba hacia mí, lentamente, implacablemente[16]».

Pone pasión en todo cuanto hace y ve perspectivas de encontrar en la filosofía india cosas esenciales que a muchos habrían pasado desapercibidas hasta entonces. Desea con toda su alma llegar a ser un indianista y se apasiona por la filología: «De pronto, descubro en mí a un apasionado filólogo. El hallazgo de una raíz sánscrita representa un nuevo goce, descifrar un texto constituye casi un ritual. Lo hago lentamente, saboreando todo ese ceremonial, sin saltarme ningún escalón. Aun cuando sepa la palabra, la

---

16. *Memorias*, pág. 171.

vuelvo a buscar en el diccionario, la declino mentalmente, busco todas las leyes fonéticas a las que está sometida. Un palabra, un cigarrillo. Profundizar en ese detalle insignificante me produce auténtica euforia, siento pasión por estas cosas tan extremadamente pequeñas, tan inútilmente difíciles. Mi meta ahora es saberlo todo sobre el proceso de fusión de las vocales en las lenguas arias»[17].

El paréntesis que sigue al texto anterior significa que han quedado otros numerosos pasajes del *Diario* sin pasar a la imprenta; pasajes de igual lirismo donde se expresa la emoción que le produce descifrar un texto sánscrito, junto a una gramática y un diccionario.

Profundiza sus conocimientos de sánscrito en clases particulares con un *pandit* cuatro horas semanales, de tal manera que, antes de transcurrir cuatro meses, el profesor Dasgupta envía a Radulescu-Motru una felicitación oficial de la Universidad de Calcuta, haciendo grandes elogios por los asombrosos progresos y la extraordinaria capacidad de trabajo de su alumno.

La perseverancia y la tenacidad constituían el verdadero «secreto» de tan sensacional éxito. Casi medio siglo después, a la pregunta de Claude-Henri Roquet de cómo consiguió aprender sánscrito con Dasgupta y el *pandit*, Eliade contesta: «Trabajaba doce horas diarias sólo con el sánscrito... Esa concentración exclusiva sobre una sola materia, el sánscrito, tuvo unos resultados sorprendentes»[18].

Se hace a sí mismo preguntas a las que intenta responder, se explica las condiciones especiales en que se desenvuelve su vida en la India y se impone una actitud y un comportamiento predominantemente optimistas: «Siento otra vez necesidad del ascetismo. De lo contrario, ¿a qué he venido aquí? Soledad, meditación, estudio, podía haber encontrado, en idénticas condiciones, en cualquier lugar de Europa. Pero aquí existe una determinada atmósfera de renuncia, de esfuerzo dirigido a la realización íntima, de control sobre la conciencia, de amor, que me es favorable. Ni

---

17. *Santier*, pág. 24.
18. *L'épreuve du labyrinthe*, París, 1978, p. 50. [Hay versión española, Madrid, 1980. *Nota del traductor.*]

La India

teosofía, ni prácticas brahamánicas, ni rituales; nada bárbaro, nada creado por la historia, sino una extraordinaria fe en la realidad de las verdades, en el poder del hombre para conocerlas y vivirlas mediante la realización interior, sobre todo mediante la pureza y el recogimiento. Esa fe es también la mía. La fe en que, pese a todos los demonios y placeres, existe un puente recto por el que puedo ir. Siempre; sea cual sea el infierno en el que me pueda encontrar» [19].

Las numerosas cartas que dirige a su familia son cálidas y afectuosas. Escribe a su madre, a su padre, a su hermana Corina y, de vez en cuando, a su hermano Nicu. Las dificultades materiales de los suyos lo acongojan. Trata de ayudar a su hermano que quería irse a trabajar a las colonias. El 12 de junio de 1929 le dice a su madre: «Creo que sería mejor buscar trabajo en las colonias portuguesas de África o en el Camerún. Ahora mismo le voy a escribir diciéndole lo que tiene que hacer. Pero las condiciones no son muy fáciles. Son cinco años de contrato obligatorio y sin su mujer».

En noviembre de ese año se desazona porque la beca de Rumania se retrasaba y, consciente de su propio valer y de las perspectivas que tenía ante sí, dice con vehemencia: «Sería un crimen dejarme sin dinero precisamente ahora, después de haberlo sacrificado todo para comenzar unos estudios que representan una aportación nueva y reveladora para nuestra cultura. Sería un crimen volver ahora que hablo y escribo bien el inglés y he llegado a aprender algo de sánscrito. Soy consciente de mi futuro en el plano científico y de ninguna manera voy a permitir que me lo arrebate la necedad de los del ministerio. En cualquier parte sería rico y tendría a mi disposición grandes medios materiales para trabajar».

Las relaciones científicas de Mircea Eliade son sorprendentes. Todas las lumbreras de la orientalística y de la historia de las religiones están asombradas de sus conocimientos y le pronostican un brillante futuro. Entre las celebridades con las que se carteaba el joven de ventipocos años podemos citar a Buonaiuti, Petazzoni, Coomaraswamy, Angus y Stcherbatski. El invierno de 1929 conoce a Tucci, que acudía dos veces por semana a casa de Das-

---

[19]. *Santier*, pág. 52.

gupta: «Era entonces extraordinariamente joven, lleno de energía y desbordante de vitalidad. Trabajaba en varias obras a la vez: historia de la lógica india, liturgia tántrica de la diosa Durga, simbolismo de los templos tibetanos, etc.»[20].

En su diario indio, el joven hizo de él un retrato muy elogioso, poniendo de relieve la extraordinaria capacidad de trabajo, la erudición y los conocimientos enciclopédicos del sabio italiano.

Preparar su tesis no era cosa fácil. No era posible hallar en la India trabajos de especialidad sobre psicología lingüística y fisiología laringobucal y tiene que pedirlos a París y Leipzig. Por eso está justificado su coraje al pensar que, después de hacer tantos sacrificios, podría darse el caso de que tuviera que verse forzado a regresar a Rumania.

Les pide a sus allegados que le consigan libros: la *Metafísica* de Aristóteles, *L'évolution créatrice*, de Bergson y muchos otros.

Según confiesa en su diario, en los momentos tristes leía el *Bhagavad-Gita* y en los neutros la poesía de Shelley. Sus lecturas son variadas, pues junto al «clásico» Goethe se halla el moderno Huxley. Sus preferencias en literatura india se inclinan por Kalidasha, Acinthya (un escritor moderno influido por Joyce) y Rabindranath Tagore.

De Rumania le envían partituras e interpreta al piano composiciones de Grieg y Debussy.

A fines de julio de 1929, con Dasgupta y Maitreyi hace un viaje en coche de 150 kilómetros hasta Shantiniketan. Conoce a Tagore y se queda prendado de la universidad donde las clases se daban al aire libre, en el jardín: «Por las mañanas, esos chicos y adolescentes felices se reúnen junto a los árboles y se sientan a la turca, en la hierba, con la pizarra y los libros sobre las rodillas. Al aire libre, sin más sombra que la del árbol, con el cielo claro sobre sus cabezas, rodeados del aroma de innumerables flores. Para ellos, *holi* significa, en primer lugar, una fiesta de canciones, danzas y dramas compuestos por el poeta[21]».

Enfermo, lo internan unos días en el hospital y cae en apuros

---

20. *Memorias*, pág. 231.
21. «Primavera en Bengala», publicado en *Vremea*, 24 de abril de 1932.

económicos. Le suben la pensión, la beca rumana tarda en llegar y la inseguridad de su futuro lo atormenta. El maharajá muere y su situación pasa a ser desesperada. Tranquiliza a su madre. Si en abril le decía que no podía hacer deporte, ni siquiera nadar porque el agua de la piscina estaba «caliente y sucia», el 17 de noviembre la situación era completamente diferente: «Ten la seguridad de que, en lo que respecta a mi cuerpo, me cuido mucho, me he desarrollado en todos los aspectos, dispongo de un ancho patio y hago deporte de las cinco a las siete de la tarde; he aprendido esgrima, criquet, hockey, lucha grecorromana, yiu-yitsu japonés y en cuanto se arregle lo del cambio de divisas, me matricularé en una escuela de danza».

En la mañana del 2 de enero de 1930, se mudará a la casa de Dasgupta, con su «mobiliario» de Ripon St. (la cama, la biblioteca y el escritorio). La decisión se había tomado unos días antes. Es, propiamente hablando, costumbre en la India tradicional que el discípulo viva junto a su mentor.

El 21 de diciembre de 1929, orgulloso de la reputación de Dasgupta, que en Bengala era considerado una segunda gloria nacional, sólo precedido por Tagore, escribía a su madre: «Tendré el enorme privilegio de asimilar la sabiduría y la moralidad indias. Ahora conozco la perfecta armonía, la comprensión y la serena familiaridad de la casa de Dasgupta. Está en el barrio de Kalighat, el más agradable de Calcuta; en sus proximidades prácticamente sólo hay parques de palmeras. Cuando salgo de su casa, al atardecer, para ir a mi habitación de la calle Ripon, me parece pasar de la India a Europa, tanta es la diferencia. Al vivir con él, además de la ventaja que me supone en el plano económico y científico, gozaré de otra vida más tranquila, sin la inútil agitación de las ciudades occidentales, respirando una atmósfera empapada de espiritualidad y de arte». Ciertamente, el entusiasmo está plenamente justificado (al menos hasta el 18 de septiembre de 1930, en que ocurrió la ruptura con el profesor).

Se aplica con ahínco en la profundización de sus conocimientos de gramática sánscrita y filosofía, y comienza a estudiar bengalí. Se viste con el *dhoti*, una especie de camisa larga, blanca, al estilo de las gentes del lugar. Experimenta un proceso de fusión que le lleva a sentirse parte de la familia, cuando se sientan a comer en el suelo, con las piernas cruzadas y con una hoja de árbol a guisa de plato.

Hace un viaje de varias semanas por la India septentrional. Se detiene en Allahabad a ver la Kumbh-Mela, gigantesca procesión de ascetas y yoguis que se celebra cada doce años y que, con detalle, describe en este libro.

Luego va a Benarés a consultar unos manuscritos del Colegio Sánscrito. El viaje se prolongará a Delhi, Agra, Sikhri, Jaipur, Bikaner, Lahore y Amritsar. Sólo había pasado un año y ya parece que veía a la India con otros ojos. En las *Memorias* subraya este aspecto fundamental: «Tenía la impresión de haber descubierto algunos de sus misterios; ciertas sensaciones, incluso bellezas, a las que no había tenido acceso antes, me eran finalmente reveladas. Para ello tuve que tener la suerte de vivir en el hogar del más ilustre de los historiadores de la filosofía hindú y empezar a acostumbrarme a la vida del país y a su idioma. Desde entonces ya no tuve la sensación de ser un mero visitante ocasional. Al contrario, cada vez me sentía más y más en mi casa, y esas ciudades, esos templos y esos monumentos que quería visitar eran los de mi patria de adopción, que cada día deseaba conocer mejor. Esperaba poder quedarme todavía varios años más en la India. Todo me gustaba, los paisajes, el clima, las lenguas, las creencias y, sobre todo, los hombres y su forma de vivir, de vestirse, de alimentarse»[22].

Aunque está perfectamente integrado en el medio que le rodea, la familia, los amigos, el paisaje y la espiritualidad rumanos están presentes en su pensamiento, en sus sueños y en sus escritos.

No sólo es la correspondencia, sino que los reportajes que escribió en aquellos años lo «traicionan» también. Ya en las primeras páginas de *La India* nos enteramos de que a la mesa les servía «una india joven y hermosa, que se parecía como una gota de agua a la gitana del cuadro de Luchian». Poco después, compara las noches de la India meridional con las de Dobrogea y las de nuestras montañas. Estando en el Himalaya, en un momento dado, acuden

---

22. *Memorias*, pág. 180.

La India

a su mente, por una rara asociación de ideas, otras imágenes del país: «...El guía me sirve una cena indefinida, pero está caliente. Me la tomo sólo porque está caliente. La vajilla es nueva, de aluminio, y trae a mi memoria otras excursiones de mi adolescencia, cuando dormía en lo alto de algún monte o en la playa, alrededor de una fogata que cuidaban amigos que ahora están esparcidos por los cinco continentes. Tantas cenas alegres, con platos y vasos de aluminio que a la mañana siguiente fregábamos con arena. Y ahora estoy más solo que la una, y llueve que te llueve...»[23].

Radulescu-Motru le da una buena noticia: la posibilidad de que, a su regreso, se creara en la Universidad de Bucarest una cátedra de sánscrito. Trabaja con más empeño y se dedica con Dasgupta a traducir textos y a conversar en sánscrito tres horas al día. Pero la inseguridad sigue atormentándolo. Los dos años de estudio son insuficientes para convertirse en profesor de lengua y literatura sánscritas. Para llegar a tal, un indio necesita doce años. Para tranquilizarse, le escribe a Tucci, que le da una estimulante respuesta: «Querido Eliade», le dice entre otras cosas el renombrado orientalista, «nadie se halla en condiciones más favorables que usted. Sería una locura no aprovecharlas. Informe, por favor, a las autoridades de su país y convénzales de que para hacer las cosas bien, necesita usted permanecer en la India como mínimo cinco o seis años. El coste que suponga será un dinero muy bien empleado que dará sus frutos y su país podrá presumir de contar con un indianólogo e historiador de las religiones, el cual tendrá la ventaja respecto a la mayoría de sus colegas europeos de haber tenido una dilatada y directa experiencia personal en el país objeto de nuestro estudio».

Esta carta, que envió a Radulescu-Motru, tuvo como efecto que se le prorrogara la beca por todo el año 1931. Eliade reafirma así su confianza en sus posibilidades y, tal y como pone de manifiesto en innumerables ocasiones, está firmemente convencido de que tiene que seguir por la vía de la filosofía oriental y la historia de las religiones, cosa que por nada en el mundo está dispuesto a abandonar.

23. *India*, pág. 151.

El profesor continúa dictándole capítulos del tercer volumen de la *Historia de la Filosofía India* y el libro sobre los Upanishads, y junto a Maitreyi confecciona el índice de la monumental obra. Comienza a escribir una nueva novela: *La luz que se apaga*.

El lance amoroso con Maitreyi constituye, sin duda, capítulo aparte. Baste saber que el 18 de septiembre de 1930, al enterarse de las relaciones entre ambos jóvenes, Dasgupta le pide a su huésped que abandone inmediatamente su casa, so pretexto de que su precaria salud no le permitía seguir albergándolo por más tiempo.

Tras un intermedio de varios días en Ripon St. 82, Eliade se dirige a Delhi, y de allí a Hardwar, a unos kilómetros de Rishikesh pero en la orilla opuesta del Ganges, a Swarga Ashram. Se viste con la hermosa indumentaria de color naranja, hace el baño ritual mañanero en el Ganges y se contenta con una frugal alimentación a base de arroz, verduras cocidas, leche y, muy de vez en cuando, tortas de arroz con miel.

Consagra su tiempo a la meditación, a los ejercicios de yoga y a leer textos sánscritos. Tiene la suerte de que su gurú sea Swami Shivananda, desconocido a la sazón, que posteriormente escribió cerca de trescientos libros. Médico de formación occidental, había abandonado las comodidades y a su familia para irse a vivir como un anacoreta al Himalaya.

«Conocía los ejercicios de yoga, las técnicas de meditación... Él me guió poco a poco en las prácticas de la respiración, de la meditación y de la contemplación»[24].

Swami Shivananda se asombró de la rapidez con la que su nuevo alumno asimilaba los rudimentos de la práctica del yoga.

Recobra la serenidad y el ritmo de vida de antes. Sólo duerme tres o cuatro horas por la noche sin resentirse por ello. A la débil luz de una lámpara de petróleo sigue trabajando en su tesis, escribe artículos para *Cuvântul* y, por las noches, continúa con su novela *La luz que se apaga*. También entonces concluye su estudio *Los conocimientos botánicos en la antigua India*, que remite a Cluj, a Valeriu Bologa, junto con unas líneas explicativas: «La escasez de trabajos de crítica sobre este apasionante tema concede

---

24. *L'épreuve du labyrinthe*, pág. 54.

un cierto valor a mi estudio; quiero decir que no es una repetición pura y simple de cosas ya sabidas, sino, en cierto sentido, un intento de reunir todo cuanto se sabe sobre el tema e interpretarlo a la luz del espíritu científico indio y de la historia de las ciencias... Tiene muchas deficiencias de estilo porque llevo casi tres años sin hablar ni leer rumano. Te ruego encarecidamente que pulas el texto si lo juzgas impresentable.

Quisiera, en el tiempo que aún me resta de permanecer en la India, reunir la mayor cantidad de material posible para una historia de las ciencias y del espíritu positivo en la India antigua y medieval».

Para tener una visión de conjunto del ambiente en que estuvo viviendo más de medio año en el Himalaya basta entresacar un corto párrafo de sus *Memorias*: «El Ganges corría entre rocas y su orilla frenaba la jungla, muy densa en aquel lugar. Pululaban por allí monos, pavos reales, serpientes y gatos savajes. Más tarde, al final del otoño, cuando las fuentes de la montaña se secaran, llegarían los chacales a rondar alrededor del eremitorio y podía oírlos aullar muy cerca»[25].

De vez en cuando visita las aldeas y templos de las faldas del Himalaya. En Kapurthala (desde donde escribe a su familia el 4 de noviembre de 1930) se queda deslumbrado ante el palacio del maharajá, totalmente de oro, ante los diamantes grandes como un huevo y las procesiones de elefantes. «Hay cosas, y de un lujo, inimaginables en Europa, que, con sólo mirarlas, se pierde la cabeza. Creo que dentro de diez días estaré en Rishikesh sumergido en la sencillez de la vida himalayana y en mis estudios. Me han invitado a dar una conferencia sobre religiones comparadas en el Colegio Gurukul de Hardwar. En diciembre, pasaré allí dos semanas».

Pasa la Navidad en casa de una familia cristiana de Rurks, a treinta kilómetros de su cabaña, y en los últimos días de 1930 recibe la noticia que le confirmaba la recepción de divisas para el año siguiente.

También allí acaecerá otro episodio sentimental. Esta vez la

---

25. *Memorias*, pág. 188.

protagonista es Jenny, una violinista que había ido a la India en busca de lo absoluto.

A principios de la primavera del año 1931, Mircea Eliade, tras seis meses de vida ermitaña, se irá tan bruscamente como llegó. Vuelve a su cuarto de la vieja pensión donde casi no lo conocen pues estaba quemado por el sol y llevaba una barba rojiza.

Vuelto a Calcuta, trabaja a ritmo frenético en la Imperial Library, interesado, al principio, por la mandrágora en la botánica y en la tradición indias. Estudia tibetano y se apasiona por la etnología india y del sudeste asiático.

Durante varios días participa en una cacería de cocodrilos en las orillas del Ganges, en la provincia de Orissa. Los cinco días que pasa en la jungla son una espléndida ocasión de descanso y distracción. Inmortalizó sus impresiones en un reportaje aparecido en *Cuvântul* que más tarde incluyó en el presente libro.

Continúa estudiando con el mismo afán y comienza a trabajar en una nueva novela titulada inicialmente *Victorias*, y *Pedro y Pablo* después, que será el embrión de la futura *Regreso del paraíso*.

El calor es más insoportable que nunca. Y, sin embargo, no puede «rendirse», aunque en cierto momento tiene la extraña sensación de que su habitación se transformaba en el gigantesco estómago de un cetáceo y que su ser se descomponía y se maceraba: «Tengo la extraña sensación de hallarme entre paredes vivas, atrapado entre sus entrañas. Diríase que también mi cuerpo comienza a oler, a licuarse. Me dan bascas. Debajo del ventilador se me enfría la respiración y me produce la desagradable sensación de estar enfermo. Por más que lo intento, no puedo hacer nada; ni dormir ni leer. En casa solamente se oye el ventilador; todos duermen y eso me pone furioso.

Estoy mareado, cansado y, sin embargo, insatisfecho. Es como si quisiera hacer algo, que me ocurriera algo. Creo que eso me hace sufrir mucho; no puedo rendirme ni ante el cansancio ni el descanso. Conservo siempre un rastro de lucidez, de pesar»[26].

---

26. *Santier*, págs. 252-253.

La India

Mientras libraba su sobrehumano combate contra los calores de la India, le llega una desesperada carta de su padre diciéndole que su presencia en Bucarest era absolutamente necesaria pues tenía que cumplir el servicio militar. En caso de desobedecer sería considerado desertor, deshonor incompatible con los orígenes castrenses de su familia.

No tiene alternativa y prepara el regreso. Lo primero que hace es enviar los libros en cuatro grandes cajones. Los últimos meses los pasa haciendo excursiones por el delta del Ganges, por las aldeas de los alrededores de Calcuta, pasa días enteros en el Museo de antigüedades indias y en la Biblioteca de la Sociedad Asiática.

Cuando más sumido está en su árido trabajo, siente la necesidad de relajarse y se dedica a leer literatura, después de haberse pasado seis meses sin coger una novela. Burlón, no deja de anotar con sinceridad en su diario: «La lectura me proporciona al principio el goce propio de un vicio prohibido practicado a escondidas. Es cierto que hoy precisamente tenía mucho que hacer y lo he dejado todo para leer esta novela extraña y filantrópica que se parece a otras muchas que me gustan, como por ejemplo, de Dostoyevski y Dos Passos.

Este vicio que satisfago estando en una biblioteca llena de tratados eruditos o junto a una mesa cargada de diccionarios y textos, me eleva a mis propios ojos. Me da un raro sentimiento de libertad»[27].

Una mañana de primeros de diciembre de 1931 sale para Rumania con la firme convicción de volver en 1933. No puede quedarse diez días en Port Said esperando un vapor rumano, así que se embarca en otro italiano rumbo a Venecia.

Una vez allí, se queda en un hotel de mala muerte a esperar que le llegue la «salvación» de casa, un modesto giro telegráfico, para poder continuar su camino. Al parecer, llegó a Rumania el 9 o el 10 de diciembre de 1931[28].

---

27. Idem, pág. 182.
28. Por sus *Memorias* sabemos que llegó a Bucarest «en vísperas de la Navidad». Teniendo en cuenta que en la carta a Valeriu Bologa, expedi-

Pese a lo desfavorable de la coyuntura, Valeriu Bologa le da desde Cluj una calurosa bienvenida en carta fechada el 16 de diciembre de 1931, de la que destacamos las siguientes líneas: «Sería para mí una indecible alegría si pudieras dar la conferencia prometida. ¡Y que sea enhorabuena! Tengo una fe ilimitada en ti. Estoy seguro de que llegarás a ser una de las figuras representativas del pensamiento rumano».

La India clarificó en el pensamiento de Mircea Eliade el concepto sobre la autenticidad, la idea de libertad y despertó su interés por el yoga y el tantrismo. Los años treinta significan para él la aparición de la primera edición de su libro *El yoga* (1936). El lugar que ocupa este tratado en la espiritualidad universal, transcurrido casi medio siglo, fue puesto de relieve por nuestro llorado hombre de ciencia Sergiu Al-George: «Obras aparecidas después de las de Mircea Eliade confirman el modo en que el intelectual rumano supo centrar el fenómeno del yoga. Nos referimos a P. Masson-Oursel, uno de los más importantes historiadores franceses de la filosofía india que, en su obra *Le yoga*, aparecida en 1967, lo define con términos sorprendentemente parecidos a los de Mircea Eliade»[29].

La estancia en la India fue decisiva para su formación espiritual. No vio en ella «exotismo» sino que advirtió la profunda unidad entre la cultura aborigen india y las tradiciones populares rumanas.

Hay que mencionar que la experiencia de 1929-1931 fructificó en casi cien ensayos. Seguro que cada uno de ellos merecería un comentario aparte, pero es imposible hacerlo en estas páginas.

Hasta sus últimos años soñó con que se creara un Instituto de Orientalística en Rumania. El 18 de agosto de 1981, en una emocionante carta a su buen amigo Constantin Noica, Eliade traza un plan concreto de actividades sintetizando, al propio tiempo, lo que nos acerca a Oriente:

---

da el 12 de diciembre, le comunicaba que había llegado a Rumania hacía unos días, nos vemos obligados a hacer una nueva rectificación cronológica.

29. *Arhaic si universal*, Bucarest, 1981, pág. 164.

La India

«Habría que incluir necesariamente lo siguiente: 1. Cursos de lengua y civilización (historia, religión, filosofía, literatura y arte) del Asia Mayor: India, China, Japón (y, evidentemente, Tíbet, Irán, etc.). 2. Una "introducción general" (conferencias, seminarios) sobre los elementos unitarios de las culturas (sobre todo de las populares) euroasiáticas, que abarque la Europa oriental, el área del imperio otomano, el Mediterráneo, el área del "imperio de las estepas" y el Asia meridional, desde Persia a China. 3) Una sección (mucho más modesta pero indispensable) reservada al Medio Oriente (Egipto, Mesopotamia, Israel); no es necesario que haya filólogos especializados en egipcio o acadio, pero no estaría de más encontrar algún buen arabista y un especialista en lenguas semíticas. Como soy optimista por naturaleza, creo que el instituto podría comenzar su tarea (no con publicaciones pero sí con conferencias públicas, seminarios interdisciplinares, con etnólogos, especialistas en culturas populares, etc.) en cuanto se articularan algunas secciones de los dos primeros apartados. Sergiu Al-George sería un excelente director (o como quiera llamársele). Lo importante es verificar, por un lado, la continuidad y unidad de las civilizaciones asiáticas y, por otro, la creatividad de las culturas tradicionales populares, entre las que el sureste europeo y Rumania han desempeñado un importante papel. Como tengo dicho tantas veces, Rumania no sólo es una encrucijada sino principalmente un puente entre Oriente y Occidente. Si nos parecemos tanto a los "orientales" no es porque nos hayamos "aturquizado", sino porque en Rumania, al igual que en el sureste europeo y en toda Asia, el *genio* de la creatividad de tipo neolítico se ha conservado hasta casi anteayer. No se trata de "retornar" al pasado, sino de conocer mejor y de entender los elementos de unidad de Oriente y de Europa».

Al asociar este grandioso proyecto de trabajos de investigación científica y literaria gestado desde la experiencia de los tres años pasados en la India, tenemos que resaltar su *unicidad* en el marco de la espiritualidad rumana.

El indianista Mircea Eliade decidió con toda seguridad el destino de más de una vida: Segiu Al-George, Anton Zigmund Cerbu, profesor de Historia de las religiones indias en la Universidad de Columbia, o Arion Rosu, investigdor del C.N.R.S. de París.

No olvidemos que la orientalística representa sólo *una* de las numerosas facetas de la personalidad de nuestro ilustre sabio y escritor.

MIRCEA HANDOCA[30]

---

30. Profesor e investigador rumano, compilador de la obra literaria y ensayística de Mircea Eliade escrita originalmente en rumano. Autor, entre otros numerosos trabajos sobre Eliade, del fundamental libro *Pe urmele lui Mircea Eliade* (Tras las huellas de M. E.), Bucarest, 1992. [*Nota del traductor.*]

Prólogo a la segunda edición

«Este libro no es ni un diario de viaje, ni un volumen de impresiones ni de recuerdos. Contiene una serie de fragmentos sobre la India: algunos escritos sobre el terreno, otros relatados más tarde y otros varios extraídos de un diario íntimo. No es, pues, un libro unitario sobre la India. En lo que a mí respecta, creo que un libro tal sólo puede escribirse a los seis meses de estar en la India; a los tres años resulta imposible. No he intentado, por tanto, rehacer el material de impresiones y reflexiones que recogí. He preferido conservar el carácter fragmentario y espontáneo de las páginas que escribí sobre diversos aspectos de la desconocida India, evitando en lo posible el elemento personal. En este libro se ha evitado sistemáticamente la aventura. La he sustituido por el reportaje y la narración. Como puede verse, gran parte de las anotaciones que contiene se escribieron entre 1928 y 1931, los años de mi estancia en la India. No son ni completas ni sistemáticas. No he escrito nada de los que tal vez sean los lugares más hermosos que vi: el desierto de Bikanner, Cachemira, la frontera afgana, Birmania. Si no las escribí entonces, menos podría hacerlo ahora. Pido al lector que complete con su imaginación las carencias de este itinerario»[31].

31. *La India* apareció en junio de 1934 con el prólogo que se reproduce en el párrafo anterior. [*Nota del traductor.*]

La India

Esta confesión no fue entendida o quizá no fue aceptada y, para aclararla, me he decidido a añadir unas líneas.

No creo demasiado en la literatura de viajes. En general, la exactitud en el hombre es mucho menor de lo que nuestro optimismo nos induce a creer. De Oriente, sobre todo, puede escribirse de innumerables maneras. Depende sólo de lo que uno esté dispuesto a contar, de la cantidad de cosas que esté decidido a ocultar. Habré leído dos docenas de libros con impresiones de viajes a la India; y unas veces me dan ganas de creer que se ha dicho todo sobre ese impresionante país, mientras que otras pienso que no se ha dicho nada. Es probable que no exista ningún país sobre el que se haya escrito un solo libro objetivo, completo y legible.

En ocasiones, los «diarios» de viaje constituyen libros admirables. Sin embargo, dudo que lleguen a conclusiones generales sobre el país recorrido. Los hechos, muchos o pocos, que el viajero conoce directamente no implican gran cosa. Raramente son significativos. Casi nunca son decisivos. ¿Qué pueden significar cien o mil hechos a la hora de conocer y entender un país tan diverso como la India, China o Mongolia? Basándose en los hechos, muchos hombres pueden tener razón simultáneamente, aunque ofrezcan imágenes distintas de un país asiático. *Miss* Mayo tiene perfecta razón cuando critica a la India sobre la base de los hechos, de las estadísticas médicas, de las fotografías. El matrimonio entre niños, la servidumbre de la mujer, la idolatría, las desigualdades sociales, ¿acaso todas esas realidades no están perfectamente argumentadas en hechos y estadísticas? Y, a pesar de todo, bastan unos cuantos meses viviendo en la India para convencer a cualquiera de lo injusta que es la opinión de la muy documentada *miss* Mayo. Lo que a nosotros los europeos nos parece una «servidumbre», las mujeres indias lo aceptan como el único modo de vida familiar. A un europeo le repele la costumbre india de casar a los niños. Y, con todo, al crecer juntos, las parejas de novios indios pueden vivir a veces en estado de pureza angelical. La idolatría es, huelga decirlo, una actitud mental inferior. Sólo que, en realidad, no existe una idolatría india. Ningún indio reza a la imagen icónica de una divinidad; reza siempre directamente a la divinidad. La imagen no es más que un elemento auxiliar que ayuda a que el dios se grabe en la imaginación... De igual forma, se han escrito muchos libros documentando perfectamente las desigualdades sociales en la India. Pero casi siempre se olvida que la India conoce, antes que nada, una desigualdad individual, no social. Los hombres son distintos porque distintas son sus energías kármicas.

Un viajero, por más hechos que encuentre en su camino, nunca los podrá entender si no conoce en todo momento su significación. Las estadísticas no valen mucho en un país de casi cuatrocientos millones de almas. Por ese motivo, considero que los «diarios de viaje» a un país exótico la mayor parte de las veces no son sino literatura: y, aun así, no de la mejor. El ambiente y el sentimentalismo son dos graves tentaciones del europeo en cuanto atraviesa el canal de Suez.

Un «diario» tiene, al menos, el mérito de consignar las cosas a medida que las encuentra y explica el país en la medida que el autor lo comprende. Pero entonces se imponen ciertas restricciones. No podemos, pongo por caso, publicar un «diario» que se extienda durante tres años; sería el diario de una expedición científica, no el de un viaje. Por eso decía que sobre un país no se puede publicar un libro unitario, es decir, un diario completo o una breve monografía, sino después de seis meses de estancia. Las cosas todavía conservan su aspecto neto, brutal, con trazos gruesos fácilmente discernibles. Uno puede desenvolverse en medio de ellas, las puede describir someramente, porque aún no le ve sus matices (los únicos que cuentan). Tres años después, el volumen se volatiliza, los límites se borran; se abren paso los matices, las dudas, los análisis. El decorado ya no resiste. Aprendemos bien la lengua del país, conocemos a sus gentes, comenzamos a hacer amigos y enemigos, a tener actitudes sentimentales o críticas. A los tres años ya no estamos interesados en un libro descriptivo: un libro con hombres, hechos e historia. Empezamos a pensar en grande. Queremos escribir la historia con letras mayúsculas, encontrar el eje de la espiritualidad india. Si ahora intentásemos abarcarlo todo, renunciando a ser esencia, tendríamos que escribir un volumen de mil páginas pues no podría quedar nada fuera, ni la historia, ni los pueblos, ni las lenguas, ni las sociedades, ni las religiones, ni la política, ni el arte, ni la filosofía. En el interior de una cultura orgánica, como lo es la india, todo mantiene una estrecha ligazón entre sí. No se puede hablar de filosofía sin hablar de lengua, de sociedad, de erotismo ni de religión. No se puede hablar de la revolución de Gandhi sin haber explicado antes el concepto de *karma*, el cristianismo indio y el valor del acto humano en la India. De lo contrario, se corre el riesgo de caer en la vulgaridad, es decir, de ser superficial, limitado y grotesco. En un país en el que los miles de años del pasado continúan estando presentes, no se puede dejar de lado nada de todo lo que ha alimentado la vida civil y espiritual desde Mohenjo-Daro[32] (el IV milenio a. J.) en adelante.

He renunciado a la idea de publicar un libro sobre la India pintoresca y política, pero no a la de publicar uno sobre el humanismo indio. No sobre la cultura y civilización indias, porque necesitaría mil páginas, sino sobre el humanismo; o sea, sobre los valores eternos indios, creados para elevar, consolar o redimir al hombre.

Algunos críticos han tenido la benevolencia de anunciarme que esperaban un libro así en lugar de los fragmentos que reedito ahora. Sin embargo, un escritor no siempre es dueño del destino de sus libros. La economía con la que se construye una obra no tiene nada que ver con la economía editorial. Espero que no pase mucho tiempo hasta que estas páginas aisladas encuentren su *pendant* en el libro *El humanismo indio*.

Otros críticos me han llamado la atención porque en estas anotaciones no hay ninguna alusión a las luchas políticas de la India moderna. Tienen toda la razón. Pero como determinados episodios de la revuelta civil se encuentran ya recogidos en mi diario íntimo publicado con el título de *Santier* (1935), me pareció acertado no volver sobre ello. Y tanto más cuanto que, hoy, todavía no puede decirse toda la verdad sobre el aplastamiento de la revolución civil.

32. Cultura existente en la cuenca del Indo a la llegada de los invasores arios. [*Nota del traductor.*]

En fin, hubo quienes protestaron por otro motivo: esto es, que les molestaba el que en este libro se mencionara la jungla, los elefantes, las serpientes y los cocodrilos, es decir, cosas sabidas y archisabidas ya desde la *Indika* de Arriano hasta el presente. La objeción sería jugosa si hubiese sido justa. Por casualidad, más de la mitad del libro habla de cosas completamente diferentes a las acostumbradas impresiones sobre la India. Por lo que sé, ningún europeo ha pasado, hasta el momento, seis meses en un monasterio del Himalaya; y si lo hizo, no escribió nada acerca de la vida y las gentes de allí. *Madame* David-Neele, la ilustre viajera por el Tíbet chino, tampoco pasó por los monasterios de la vertiente india. Nicolai Rörick investigó el Tíbet y el Asia central y Giuseppe Tucci los monasterios de Cachemira y el Tíbet occidental. Por mis informaciones, ninguno de ellos, ni tampoco otros, vivió de forma continuada en un monasterio indio durante seis meses. Aunque sólo fuese por este detalle, este libro ya se distinguiría de todos los que se han editado en cualquier otra lengua occidental. En la breve descripción de la vida y los hombres de los monasterios del Himalaya en los que viví desde septiembre de 1930 hasta marzo de 1931, he evitado entrar a dar detalles sobre la técnica de meditación de los monjes indios. Parte de esos detalles verán pronto la luz de la imprenta en otro lugar.

Considero necesario recalcar, una vez más, que todos los fragmentos publicados en el presente libro se escribieron al azar, a grandes intervalos temporales y sin sujetarse a ningún plan general preconcebido. Confío en que el lector no buscará tampoco lo que el autor confiesa sinceramente que no ha tenido la intención de mostrar.

MIRCEA ELIADE
Octubre, 1935

LA INDIA

Ceilán

El trasatlántico fondea en Colombo al filo de la medianoche. Pero ya unas horas antes de llegar sientes que la isla está próxima pues notas un viento cálido y perfumado que sopla desde la playa, una brisa que transporta el aroma de troncos rezumantes de savia, de flores desconocidas, de todos los portentos vegetales que adivinas creciendo en medio de la oscuridad de la costa. El mar brilla de manera extraña aquí, en las inmedicaciones de la isla de la esmeralda. El cielo parece más bajo y las estrellas tienen un fulgor más intenso en esta atmósfera ebria de perfumes penetrantes y refrescantes. Sabes que Ceilán está ahí antes de divisar las luces de la ensenada que abriga a su puerto. El olor de la jungla flota sobre las aguas, a decenas de kilómetros de las cálidas orillas. Y es un olor que te remueve, que te marea, que no sabes identificar, que no sabes dónde buscarlo, que te azota incesantemente en pleno rostro como si fuera un viento ardiente y acariciador. Es un perfume desconocido que te sigue por doquier en Ceilán y cuanto más te adentras en la jungla, más inmaculado y alucinante lo sientes.

La primera mañana en Colombo te descubre el cielo del más hermoso de los océanos. No sabes con seguridad qué es lo que ha cambiado en ese magnífico color, no sabes qué milagro hay esperándote por encima de tu cabeza, cada vez que elevas la mirada y te sumerges en esa vacuidad líquida de cielo y sol. Empiezas a callejear sin rumbo fijo preso entre estas dos tentaciones: el cielo y el perfume de la exuberancia vegetal. Dos fuentes de revelaciones, de tristezas y de las más inenarrables alegrías; fuentes vivas en las que beben no ya tu mente o tu espíritu, sino tu mismísima vida orgánica, tu sangre y tu aliento, que, por vez primera, te dan el don de la alegría de vivir, de estar vivo, de moverte y respirar con libertad, sin preocupaciones, sin normas, sin restricciones.

¿Adónde ir primero? ¿Cómo calmar tu sed de mirar, de oler, de tocar? Una sed de sensaciones vertiginosas e intensas, sed de consumirte por entero, de morir. Las dos semanas de travesía fueron un descanso para tu mirada, las piernas se te adormecieron. De pronto, dueño de ti mismo, en la isla más hermosa de esta parte del mundo, te sientes intimidado por tantos descubrimientos y paralizado por tantos impulsos. Te metes por la primera calle que ves, con casas blancas ceñidas con terrazas en forma de parapetos, cuidas de que no te atropellen los hombres que corren tirando de los *riksa*, oyes a trechos las sirenas de los barcos en la rada y, al cabo de una hora o dos de vagabundear, seguro que vas a parar al jardín Victoria.

Ese parque lo sientes desde lejos pues, en todo Ceilán, el aroma que transporta la brisa se convierte en pregonero. Lo sientes por el perfume de sus flores de canela, flores blancas de pétalos gruesos, fríos, de cera. Un parque en el que te pierdes no ya porque sea grande, sino porque sus sinuosas alamedas discurren entre arbustos tan altos como un hombre, y, tras más y más vueltas, acabas en el mismo sitio o retrocediendo. ¿Qué es lo que más admiras del Parque Victoria? ¿Las flores desconocidas y extrañas, los eucaliptos, el frescor, la luz?

El ímpetu de sensaciones te agota. Te montas en el primer *riksa* y te dejas llevar. El corredor se para un instante frente a una tienda, come hoja de *pan*, masca un poco de nuez *betel*, te sonríe con sus dientes blancos y sus labios como sanguinolentos por el jugo de la hoja y, seguidamente, echa a correr. Dios sabrá dónde, pues aquí, a los ojos del atolondrado visitante, los bien asfaltados bulevares resultan muy parecidos y las calles idénticas. Al rato, se para en una callecita sombreada por numerosos y frondosos árboles. Te ha llevado inevitablemente al templo budista de Kelaniya. Entras a un patio inmenso donde los árboles crecen a placer, y hay unas casas pequeñas con húmedas galerías. Te encuentras con esos *bhikku* que ya conoces por las fotografías, con los cráneos rasurados, con sus túnicas de color naranja, y te acercas al santuario en el que duerme Buda rodeado de numerosas bandejas de ofrendas y pétalos. Coges flores y das flores. Es un intercambio de prodigalidad vegetal, de alegrías perfumadas entre los servidores del dios y tú. Cuando sales del patio y te subes al *riksa* (¡cuántos pensamientos nuevos y cuántas nostalgias te han brotado en la paz del patio!) una niña de la escuela contigua corre con un ramo de flores de canela y un folleto en inglés y te los ofrece con su más espontánea sonrisa. ¿Qué hacer con tantas flores, pues se te meten con fuerza dentro de tus sentidos y te agotan? Te las metes en los bolsillos, las aplastas entre las hojas del bloc en el que tú, engreído europeo, creías que podrías anotar tus impresiones. Das las gracias y te vas.

Te vas del templo al igual que te vas de Colombo. Aunque se te rompe el corazón ante tanta belleza que te gustaría volver a ver y a saborear, una buena mañana te encuentras en la estación, en un vagón del rápido Colombo-Kandy-Anuradhapura. Hay otros lugares que te llaman, otros demonios que te tientan, otros nombres que conoces desde la adolescencia y que fulguran cerca de ti, al otro lado de las montañas que intuyes tapizadas de jungla en el corazón de la isla.

Tras varias horas de viaje, el paisaje se vuelve completamente diferente. Subes por pendientes donde la vegetación es más bien un cementerio que un jardín, pues los árboles se elevan por encima de los matorrales aplastados, los bejucos ahogan las flores, la hierba crece tan alta como las espigas y, por doquier, la vida muere y resucita, la putrefacción se transforma en humus, pasta viva para dar calor a otras semillas, y la lucha continúa con espasmos y éxtasis en ese océano de savia. Las plantas aquí se tornan en monstruos, las flores están envenenadas por los cadáveres que les sirvieron de lecho y de origen, la abundancia te deja petrificado pues, tras los millones de organismos que han sobrevivido, adivinas la existencia de otros muchos millones que mueren cada hora, y ese gesto de la naturaleza de arrojar incesantemente vida sin ton ni son, ese gesto de creación por el mero gozo de crear, por la alegría de absorber el sol y de cantar su victoria, te atonta, te abruma. Cierras los ojos para poder hurtar un pedacito de esa maravillosa riqueza y, al abrirlos, el paisaje es otro, el campo de batalla y las fuentes de embriaguez han cambiado, son formas nuevas, clamorosas, sorprendentes, violentas, impertinentes, orgullosas por su victoria, formas de sueño y apetencias, incendios que se prenden y apagan por momentos en esta vertiginosa película de la jungla. Todos esos saltos de vida, todas esas genuflexiones de la muerte, toda la tremenda invasión de savia te atrapa, te arrastra en medio de su sorda matanza, te azuza y se burla de ti, de tu pequeñez de viajero cómodamente sentado en la ventanilla de un vagón, de tu dignidad de rey de la creación, de tu seriedad estéril y abstracta de criatura inteligente y libre. Es imposible que dejes de sentir la provocación que te hace este reino vegetal al que hemos domesticado en parques y hemos confinado en invernaderos. Una provocación en la que no siempre intuyes la risa sino una llamada a la hermandad, incitación a seguir su ejemplo, a crecer con ella.

La lucha duró miles de años en esta tierra y no siempre se dio entre plantas. Aquí hay trozos de roca, lastras desgajadas por los terremotos, montañas derribadas que te muestran sus petrificadas heridas, signos de cataclismos de otras eras. Una desnudez sorprendente en comparación con la refriega vegetal de alrededor. Puras lastras blancas, grises, sobre las que el agua corre por millares de venas, agua que baña sólo la corteza. A veces, esas aguas salen de la anarquía de la jungla y se quedan remansadas al sol, como muertas, sin humillarla, sin arrollarla bajo su corriente impetuosa, guardándola al mismo tiempo de las malvadas hermanas de al lado, las plantas, que con miles de ojos están esperando aplastarla, sepultarla en la oscuridad, sofocarla y levantar sobre ella una nueva jungla.

...Cuando a mediodía llegas a Kandy, en lo alto de las montañas, vuelves a mezclarte con los hombres con la indecible sensación de haber asistido a un prodigio, a una monstruosidad o a algo sagrado, a algo excepcional e irracional que no estás en condiciones de juzgar ni de imitar. Hay tantas cosas que ver en esta perla de Ceilán, en este soleado refugio, con decenas de templos y con su deleitoso lago, que no sabes qué hacer, adónde ir, a quién preguntar.

Descansar, no puedes. El fustigamiento continúa, el ritmo es acelerado, el abundante oxígeno que ansiosamente sorbes te ha dado una respiración fuerte y una sed insaciable. Te pones en marcha. He ahí el templo donde se conserva el diente de Buda, reliquia que es llevada durante las festividades por elefantes con jaeces bordados en oro y plata. Y aquí está ahora el lago, agua de roca y espejo del cielo, y más allá el parque de monos y elefantes en el establo que se oculta tras los eucaliptos, y después otro templo y otra casa blanca, otra escuela, otro jardín. Las horas pasan y así pasan también los días. Y tú siempre inquieto, vivo, insomne. Pues esta isla invadida de oxígeno y de sol regala la vida y la vigilia de todo el mundo, pero sobre todo del extranjero que viene de países más sobrios.

Cuando te vas de Kandy, hacia el norte, a Anuradhapura, la vieja capital budista de la isla, tienes la impresión clara de abandonar para siempre la civilización. Aquí había hoteles, luz eléctrica y quioscos de prensa. Pero echa un vistazo a la selva de alrededor, en esta noche húmeda y cálida que te aguarda fuera de la ciudadela. Los miedos y gozos del camino vuelven a instalarse en tu alma. Eres ahora prisionero de la jungla, su penetrante aroma te ha envenenado, te han hechizado sus ojos de flores, te han trastornado sus brazos, las serpientes vivas, los bejucos.

Presientes que te espera a unas millas de la estación, en la oscuridad iluminada por miles de luciérnagas voladoras. Y presagias su seguridad victoriosa que te ha cautivado, te ha trastornado a ti también, como a tantas otras legiones de enanos que se atrevieron a atravesarla. Dondequiera que vayas, no la olvidarás. Los caminos te conducirán al norte o al levante, conocerás la India o Malaya, encontrarás otras junglas y otras maravillas en tu andadura pero esta isla asolada por el baile, devastada por el miedo y agonizante por un éxtasis siempre distinto, no la olvidarás jamás.

Y hete aquí ahora, en plena noche, en el rincón de un vagón mal iluminado y mirando por la ventanilla sin ver nada más que las serpentinas de oro verde de las luciérnagas y, no obstante, el sue-

La India

ño no te tienta, sino que escuchas la vida exterior y, al cabo de varias horas, su hálito es más poderoso que el rechino de las ruedas y lo oyes claramente hablar, quejarse, dar las gracias, encomiar.

Por la mañana estás cansado y sonríes como si te hubieses despertado de un encantamiento. Anuradhapura. Te vas corriendo a ver las ruinas pues el tren te espera por la tarde para llevarte hasta el extremo septentrional de la isla, desde donde pasarás, junto al puente de Rama, a la India.

Trayecto en coche por en medio de un bosque que ya no te causa la menor reacción, que ya no te emociona ni te irrita sino que te lleva a su antojo, como si fueras algo suyo. Sólo después de pararte a descansar en las losas de viejas *stupas* para admirar las columnas que yacen esparcidas por aquel océano verde, después de ir de un templo a otro y de visitar el monasterio que hay en los aledaños, entonces sientes el cansancio, la sensación de agobio y esperas irte lo antes posible, escapar de esta obsesión vegetal, cambiar este cielo de esmeralda, pues de lo contrario no sabes lo que podría sucederte, no sabes las locuras que serías capaz de hacer.

No resulta difícil escapar de Ceilán. El tren te lleva rápidamente al peñasco desde donde tomarás el vapor para Rameshvaram. Por la mañana, el mar te despierta. Está un poco más descolorido, más caliente, porque está atrapado ente dos orillas con playas sin vegetación, con palmeras escasas y dispersas, azotadas por la brisa. Miras las olas, miras la ribera. De pronto, comprendes que te vas, que te marchas, que te separas quizá para siempre del lugar más hermoso que hayas podido ver nunca, y entonces este rincón olvidado de Dios se te aparece en toda su desolada inmensidad, las playas son más áridas y más tristes, las cabañas de pescadores más desfiguradas por la pobreza. Te sientes aterradoramente solo.

Funcionarios coloniales; mozos de cuerda que se lanzan al agua para traerte entre los dientes la pobre moneda que arrojaste. Miras entonces hacia la India que es la única senda abierta que te queda, pues atrás ya no puedes volver.

Peregrinación a Rameshwaran

El tren corre entre dunas de arena. Grandes zarzas, espinosos matorrales, palmeras amarillentas, charcas de agua salada, y siempre el mismo rumor, son las olas que te llaman. Sensaciones crueles y emociones desgarradoras ante la playa inmensa, desolada y cálida que se confunde con el desierto. El viento sopla con un eco metálico al contacto con las largas espinas, con las hojas dentadas de las palmeras. Atravesamos el angosto istmo que separa la India de algunas pedregosas islas del norte de Ceilán. Subimos a bordo del pequeño vapor en Talai Mannar y, tras dos horas de travesía por una mar serena, bajamos en Danushkodi. Entramos en la India por el punto más meridional de la península.

Cerca de Rameshwaram, en Pambam Junction, cambia el decorado. Los campos están llenos de palmeras, son muy altas y crecen con los racimos vueltos hacia la brisa marina. A veinte minutos de Pambam, el tren se detiene en un pequeño apeadero rodeado de plantaciones con una carretera que conduce hasta el pueblo. Rameshwaram es el centro de las peregrinaciones del sur, un lugar tan sagrado como Benarés pero menos conocido para el viajero europeo.

Una extraña carreta, *jatka*, de dos ruedas, arrastrada por bueyes nos lleva al pueblo. Bonitas casas con terrazas que alzan su blancura entre los árboles, multitud de brahmanes. Soy el primer europeo que viene aquí desde hace seis meses. Me miran con insistencia y los lugareños se concentran en torno a la casa del venerable brahman Ramchandra Gangadhar, donde me alojo. Este Gangadhar se pasa una buena parte del día sentado en una estera en la primera habitación de su casa, con el pecho y el vientre desnudos, con una cadena rodeándole el cuello, con la cara untada de ceniza y jugos sagrados. Mantiene la conocida postura de las estatuas indias y conversa con sus visitantes en sánscrito o en dialecto. Parece honrado con mi visita y Bhimi Chawda, que me había llevado allí, le traduce al *gujarati* todo lo que le cuento de Rumania. Cuando advierte que tengo hambre, envía a un sirviente peludo a comprar comida porque en la casa de un brahman únicamente la hay para los hombres de su casta. En la azotea, un sirviente me trae tres tortas pequeñas de aceite, un vaso de leche y varios plátanos. Luego, recoge las sobras y los cacharros de barro cocido donde comí y los tira a la calle...

Después de descalzarme en la galería, me dirijo hacia el templo junto con Bhimi Chawda llevando detrás de mí varias docenas de personas del lugar. Bhimi Chawda va medio desnudo y lleva las ofrendas: flores, plátanos, varios saquitos y rupias de plata. Después de su viaje a Inglaterra, purificarse en Rameshwaram es lo más acertado. Voy descalzo, con un calor tórrido, por un camino polvoriento.

El templo, el mayor del sur de la India y que constituye la obra más majestuosa de la arquitectura dravídica, está rodeado por varias hileras de muros (*prakarama*). Entre estos *prakarama* hay corredores y patios interiores. Aunque el templo es colosal (657 pies de largo por 1000 de ancho, según me informa mi guía), no produce la impresión de algo que te desborda. Al principio, no puede vérsele en su integridad. Antes de entrar por el primer portón de 30 metros de alto, se encuentra una especie de bazar que se prolonga por debajo del muro del portón y antes del primer corredor. Allí hay a la venta todo tipo de imágenes, escenas que representan a Rama buscando a Sita o de las luchas legendarias de Lanca (Ceilán), imágenes realizadas en colores vivos y frescos. Se hallan también grandes conchas de molusco, de caracol, corales, brazaletes gruesos de plata, platos de latón, perlas bastas y piedras preciosas de décima mano.

Peregrinación a Rameshwaran

El bazar está siempre de bote en bote. Todo el pueblo se concentra en la callejuela y en el oscuro corredor que hay debajo del portón grande del templo. Al extremo del bazar se encuentra la inmensa alberca de agua verde y sucia donde los peregrinos se bañan antes de pasar al templo con las ofrendas. Y en la otra parte del templo, detrás de la callecita que baja por los dos últimos *prakarama*, se extiende el lago, de unas tres millas de extensión, donde se bañan los peregrinos al marcharse.

Por lo que me cuenta Bhimi Chawda y por lo que ya sabía yo, este templo de Rameshwaram, construido aquí, en el confín de la India, para conmemorar la victoria de Rama y a cuya construcción contribuyó el ilustre Vara Raja Sekkarar de Kandy, no tiene igual en toda la península. Los pilares del templo y los que forman los interminables corredores están magníficamente adornados con esculturas y estuco. Desgraciadamente, este año, algunas partes del templo se encuentran en obras. Corredores anchos, largos, casi interminables, estaban interceptados acá y acullá por andamiajes. Entre los pilares, la administración del templo había improvisado aposentos para los sacerdotes y servidores, rompiendo con ello una visión sin par, esa misteriosa y solemne penumbra. Además, el templo no puede verse de una vez, no puede obtenerse una imagen unitaria. Su grandeza está repartida, esta arquitectura ciclópea no tiene perspectiva, no se puede abarcar si no es desde los rincones, desde los patios interiores, desde las columnas.

Realmente soberbias son las pinturas murales, escenas de la mitología védica pintadas en los techos y columnas de los corredores. Muchas están empezando a desaparecer estropeadas por el humo, desconchadas o borradas. Alguien nos dice que durante las obras en curso se restaurarán también los frescos.

La parte superior del templo está rematada por numerosas cúpulas con centenares de estatuas de colores. Las columnas están sostenidas por elefantes en posturas extrañas y fantásticas. Lagartos con cresta y ardillas juegan entre los bajorrelieves. De alguna parte llegan sonidos de tambores y trompetas, de gongs, letanías. Es curioso, subo por una escalera de madera (forma parte de un andamiaje) y llego al techo. El verme provocó un gran escándalo.

La India

Suerte que Bhimi Chawda les explicó que yo era extranjero y no conocía las normas que rigen en los santuarios. Tuve que ofrecer dos rupias de oro al templo para que se me perdonara mi yerro. Por esa donación me entregan un recibo en toda regla, especificando el nombre, nacionalidad y el pecado cometido...

Diciembre, 1928.

Madura: parada y fonda

Nos alejamos de la estación por callejas débilmente iluminadas con petróleo, en una *jatka* estrecha como una lata de sardinas... Veíamos casas indias de amplio zaguán, anuncios luminosos, puestos cargados de frutas. En la oscuridad, las indumentarias blancas y encarnadas tenían el toque mágico de un ballet. Iba tratando de grabarme el camino en la mente. No lo conseguía. La *jatka* bordeaba jardines, se metía en barrios, corría traqueteando tirada por dos veloces caballitos asustados de las campanillas y los gritos del carretero que mantenía el equilibrio en el timón...

En el tren conocí a un joven que volvía también de Rameshwaram. Al saber que iba a quedarme un día en Madura, antes de seguir viaje a Madrás, nos ofreció a Bhimi Chawda y a mí hospitalidad en casa de su hermano, comerciante, llamado Chandulal Gavendas. Aceptamos muy contentos. Ya en el tren, el joven indio comenzó a tratarme como a un huésped ofreciéndome cigarrillos indios, hechos de una sola hoja de tabaco enrollada, té con leche, frutas y dulces. Bhimi me hizo señas de que no intentase pagar estos presentes que el joven compraba en todas las estaciones. Eso hubiese significado ofenderlo.

De ese modo, hube de masticar hojas y nueces *betel*, astringentes y picantes, que acaban por dejar la boca manchada de un fuerte color rojo. Cuando los indios hablan, da la impresión de que a todos les sangran los labios.

La India

La *jatka* se detuvo frente a una casa grande, de ventanas enrejadas. Inmediatamente aparecieron dos sirvientes, que dormían en esteras en el zaguán, y el mismo hermano del joven mostrando su alegría por tenernos de huéspedes. Por descontado, iba vestido a la usanza india, o sea, llevando sólo unos metros de tela blanca enrollada en las caderas. Me guió con el quinqué por dos habitaciones amplias, luego por el patio empedrado para llegar, finalmente, al fondo donde se encontraban el «comedor» y el cuarto de los huéspedes. Subí por una escalera de madera que conducía a un pasillo. Desde ahí se veía muy bien el patio, en el que había una alberca de cemento, una fuente y ropa tendida en cuerdas. El cuarto de los huéspedes estaba limpio, aireado, y de las paredes colgaban unos cuadros muy raros. Esteras blancas y, al lado, un cobertor con una almohada caprichosamente doblada, y un libro: el *Ramayana*.

En seguida, tendieron mantas sobre las esteras, almohadas, sábanas y cobertores suaves. Dos quinqués iluminaban la habitación. Un chico trajo una bandeja con *betel*, cigarrillos y té. Un vecino que no se había acostado vino a conocer a los huéspedes. Por Madura corría la voz de que este hombre sabía francés, aunque a todas mis preguntas contestaba sonriente: «*Ah! Oui, vous savez français?*»

En el piso de la habitación se habían trazado con tiza unos círculos decorativos y, en el centro, una enorme esvástica. Esta esvástica estaba por todas partes, principalmente frente a las puertas. Mi anfitrión únicamente sabía de este signo que era antiguo, santo y «alto».

Se acercaba la media noche. Estábamos sentados en las esteras, fumando unos cigarrillos que producían una densa humareda, mascando hoja picante, bebiendo té con leche, y conversábamos sobre el *mahatma* Gandhi. Todos los indios estaban de acuerdo en que el *mahatma* Gandhi era un gran hombre: ¡era como Cristo! Pero Bhimi Chawda, que vive en Bombay, no parecía tener mucha fe en el «movimiento» y alababa a Gandhi por haberse retirado de la política. Los demás estaban enardecidos y no podían contener los elogios. Además, sólo compraban productos de la industria nacional, hacían el pan en casa y tejían el paño como hace tres mil años...

Madura: parada y fonda

Después de medianoche, me quedé solo con Bhimi, tendido en mi blando y cálido cobertor, mirando al techo, puntiagudo como el de una tienda de campaña. No podía dormir. Por la ventana veía los árboles de las casas vecinas; las estrellas aquí parecen más cercanas y llenas de vida, las noches son azules, muy azules.

Al día siguiente, salí a visitar la ciudad en compañía de mi anfitrión. El templo de la diosa Minakshi es el mayor de la India. El bazar es tan grande como un mercado. Los elefantes sagrados gozan aquí de un establo moderno. Son mansos como unos colosos y recogen con la trompa las monedas que les tiramos al suelo. Recorro los mismos pasillos, me detengo frente al altar del dios elefante, me quedo contemplando largo rato las antiguas pinturas y los bajorrelieves. El templo cuenta con más de mil años. El rey Tirumal Nayak lo mandó reparar en el siglo XVII. Lo mejor, con mucho, es la maravillosa sala de las mil columnas, que lleva hasta un imponente altar donde unos perfumados cirios iluminan la estatua de Shiva. Las columnas forman, en su mayor parte, un único bloque y contienen extrañas esculturas procedentes de la mitología y demonología védicas. Las diosas se representan con talle delgado, ancho vientre y grandes senos como si fueran panes. Todos los rostros reflejan la aceitosa sonrisa de la escultura india. Son ídolos repulsivos, con ojos de piedra metidos profundamente en las órbitas, con garras y muecas apocalípticas. El dios elefante es el que tiene una expresión más «humana». Los caballos alados también tienen el mismo falo enorme que simboliza el brío de la fecundidad cósmica.

Las ventanas están decoradas con flores de piedra, a lo largo de las cuales se cuela una humilde luz. Desde ciertas esquinas del patio, pueden verse las torres de oro del interior del templo. Una multitud de sacerdotes y sirvientes, mendigos y peregrinos, enfermos y viejos. Todos piden limosna. Un brahmán se me adelanta con una bandeja y me cuelga del cuello una guirnalda de *gulchari*, la flor sagrada. Por semejante honor tengo que pagar una rupia. Otro me lleva hasta un altar para explicarme los consabidos fundamentos de la religión védica. Rehúso, finalmente, más ofrecimientos y explicaciones no sea que me toque volver a pagar. Bhimi Chawda, antes de penetrar en el santuario, vedado a

La India

los ojos de los extranjeros, me aconseja que no se me ocurra subir a ninguna parte en el templo...

Tras visitar el bazar, rico en piedras falsas y condimentos, nos dirigimos al palacio de Tirumal Navak, el último rey de la provincia. En la actualidad, el parque está repartido entre las casas contiguas. Sólo el jardín del interior del palacio ha permanecido intacto. Dos guardianes viejos y parlanchines nos acompañan por la hermosísima galería de columnas blancas y techo amarillo, a la sala de baños de las reinas, transformada ahora en cancillería oficial; a las antiguas alcobas, ahora despachos del ayuntamiento... Únicamente las azoteas y pasadizos no se han podido transformar. Por aquí se paseaban las reinas, me cuenta mi anfitrión, y trataban de entristecerse mirando la luna para agradar al rey. Desde la cúpula central se contempla un panorama maravilloso, dejando deslizar la vista por los tejados rojos y los jardines verdes de la ciudad, por encima de los bosques, hasta las colinas cubiertas de nubes, donde las familias ricas se refugian en verano. No puedo evitar la melancolía de estar desenterrando un pasado legendario y reviviendo *Las mil y una noches*. Mis amigos se van a sus cosas y yo me quedo un buen rato a la sombra de la cúpula, con la mente en blanco, solamente mirando la ciudad con los jardines que se extienden por encima de los campos hasta las proximidades de las colinas.

...Mi anfitrión, luego de explicarme el significado de todas las alegorías de los cuadros que colgaban de las paredes, me invita a su mesa. El comedor: una habitación sin sillas ni mesas, con suelo de cemento. Nos sentamos en alfombras, bastante separados los unos de los otros. Delante de nosotros una hoja grande, lavada, en la que había extraños manjares y las tortas de aceite. Las viandas eran ilusorias: legumbres hervidas, una salsa con mucha pimienta, un puñado de arroz sin sal. Al principio, creí que la salsa era una sopa y tomé una cucharada. Estaba tan picante que tuve que comerme todas las tortas para que se me pasara el escozor. Los otros se divertían y no me dejaban utilizar la cuchara que yo, prudentemente, me había traído. Tuve que desgranar el arroz con la mano, echarle encima la salsa picante, coger los granos con los dedos... Para terminar, me dieron plátanos y leche. Nos servía una india joven y guapa; se parecía como una gota de agua a la gitana del cuadro de Luchian. Chandulal había estado casado, pero su esposa había muerto. El puesto de su esposa lo tenía ahora la criada de tímidos andares, laboriosa y que sabía de todo...

Despedida, con abrazos, promesas de reencuentro, planes... Un elegante *riksa* pone término a la melancolía. Otra vez el camino de la estación...

Madrás

...Desde la colina donde se alza el convento de monjas, la ciudad resulta irreconocible.
Diríase que es un bosque de acacias, palmeras y *tulhah* en flor. Todas las casas están rodeadas, asediadas y colmadas de árboles. Cuando sopla con fuerza el viento de la tarde, su silbido recuerda al de las olas. Me paso las horas muertas contemplándola, sentado en un banco de piedra gris.
...Ha pasado volando un murciélago. Se ha escondido una serpiente. Por el árbol de hojas negras, corren las ardillas. Y ese escorpión que me salió a la entrada de la oquedad donde, según cuenta la leyenda, estuvo encerrado santo Tomás, el primer misionero de la India.
Escribo. ¿Qué otra cosa podría hacer? Esta triste colina, con el solitario convento de piedras blancas que alberga serpientes, me refresca los recuerdos de una Italia que visité a los veinte años. Por vez primera me acuerdo de Europa. Esta colina, con su sacrosanto silencio, pertenece al más allá.
El convento está construido en piedra. Las celdas no se ven por mor de los frondosos árboles. La iglesia es de reducidas dimensiones. Vi rezando a veinte monjas ataviadas con las blancas tocas coloniales, anchos sombreros y ondulantes capas. La superiora se pone muy contenta de encontrar a alguien que hable francés. Me pregunta por el príncipe Ghica, ahora sacerdote ca-

tólico, que visitó el convento en primavera a la vuelta de un congreso en Australia.

Habla tan bajo que, sin querer, bajo yo también la voz y me pongo a caminar de puntillas. ¿Qué ha dicho?... Sonríe. Me invita a mirar un Cristo. Lo ensalza una y otra vez... Después calla y se queda mirando dulcemente. Vuelvo a encontrar en aquella iglesia el inefable silencio cristiano. La superiora me señala a las monjas. Hace sólo unos días que dieciséis de ellas llegaron de Roma. Algunas no han cumplido los veinte años. Y se quedarán aquí, en la India, a rezar por los infieles... sólo Dios sabe cuánto tiempo. También ella vino aquí siendo muy joven...

Ahora, al escribir esto, está anocheciendo. No puedo irme. Sobre la ciudad flota una niebla transparente; el aliento de los parques, el vapor del agua de mar enviado por el viento que sopla desde las colinas.

¿Cómo describir Madrás? La conocí la mañana que llegué, mientras el *riksa* atravesaba el barrio de anchas calles asfaltadas, de casas ocultas entre la fronda de los parques. La conocí durante mis correrías nocturnas por callejuelas llenas de polvo y humo, con niños pidiendo limosna y mujeres machacando cebada. Los vendedores tenían sus tenduchos débilmente iluminados con acetileno. Los vecinos se congregaban fumando cigarrillos indios, hablando atropelladamente en ese tamil incomprensible en el que, sin embargo, tantos poemas maravillosos se han escrito...

Y también he conocido Madrás en el ancho bulevar que discurre frente al mar, con su playa e instalaciones deportivas, con hoteles caros que se levantan junto a las barracas de los pescadores. La he conocido perdiéndome entre los hotelitos del barrio aristocrático indio, con placas de mármol en las puertas, con sus automóviles de lujo, con sirvientes vestidos con ropas bordadas. Volví atravesando los jardines, crucé el puente sobre el Koom, anduve por la hierba del campo donde las lavanderas tienden prendas de colores...

Y, finalmente, he conocido Madrás en esa inmensa casa, rodeada de un parque, donde se celebró la reunión de la YMCA y la YWCA, donde se me miraba como a un bicho raro, y me veía obligado a aceptar dulces de cualquier cristiana y a conversar con todo personaje célebre que se acercaba a conocerme. ¡Maldita hora! ¡Las veces que habré desmentido que hubiese una revolución en Rumania! ¡La de veces que habré vuelto la cabeza al oír que me decían «*hallo*»!... Por otro lado, chicos amables y chicas bien educadas que sirven té con leche dos veces por semana y que exhiben por las reuniones a indias convertidas, con los pies descalzos y con brazaletes de oro. Para los protestantes, el cristianismo empieza con deportes y el *five-o'clock-tea*. Eso no me molesta. El cristianismo puede empezar donde sea, incluso en las prostitutas. Lo importante es que termine siendo cristianismo.

Con ayuda de un canadiense mellado, secretario de la YMCA de su país, encontré alojamiento en la casa misional sueca. Una casa con varias terrazas, bosque, biblioteca y órgano. Después de haberme pasado noches en trenes y hoteles, en casas desconocidas, aquello resultó voluptuoso... La alegría de deshacer las maletas cerradas durante la travesía; la impaciencia con la que azuzaba al *riksa*, por las noches, camino de «casa»...

Aquí, en mi habitación, viven dos gorriones, un lagarto y unas arañas enormes que se asustan siempre que enciendo el quinqué. Confieso que la primera noche dormí mal pues en mi sueño estuve oyendo el gorjeo de los gorriones. Al otro día, vi el lagarto deslizarse por la viga del cuarto de baño. A las arañas ya me he acostumbrado; habitualmente, están en la ventana y cuando se acercan demasiado a mi mesa las ahuyento con el lápiz.

El pastor me dice que los gorriones vinieron a anidar aquí la primavera pasada, que lagartos, arañas y serpientes los ha habido siempre, desde los tiempos de su abuelo, el primer misionero sueco en Madrás, que compró la casa a un musulmán y la convirtió en un albergue de vida y enseñanzas cristianas. Hace unos meses, un estudiante de teología encontró una cobra al fondo del jardín. Eso lo alarmó y le ordenó a su hijo que jugase dentro de casa. Pero no se ha vuelto a ver desde entonces ninguna otra cobra ni tampoco el chico abandonó su costumbre de remover la maleza del jardín.

Una noche, cerré la ventana antes de que entraran los gorriones en la habitación. Por la mañana los encontré dentro. Se habían colado por el cuarto de baño. Se conoce que ya tenían experiencia...

✳

La India

Las noches de invierno aquí, en la India meridional, tienen ese encanto de leyenda oriental que me deleitó cuando leí por vez primera *Las mil y una noches*. Cuando se hace de noche, cesa el viento, desaparece el ruido, se desvanecen las luces. Ficus negros, mangos y bejucos de fibra leñosa yerguen sus troncos desde misteriosos patios hasta las esquinas de las calles, en las proximidades de los templos. Las casas europeas se funden en la sombra. Sólo quedan las casas pobres con lumbre en la galería, sólo los muros blancos, sólo las puertas. La noche borra todos los afeites.

No sé lo que harán los otros, cómo se enfrentarán a esa dulce tristeza que desciende de un cielo tan cercano. Yo me llevé la silla y la cama a la azotea. Descubrí que tenía unas debilidades y nostalgias insospechadas. Comprendí que la noche entrañaba un cierto peligro que no procedía ni de la oscuridad ni del pecado. Hay una serie de tentaciones que turban sólo en una noche de cuento de hadas como ésa. El silencio pétreo de los bosques de Madrás, las sombras que nacen y mueren junto con la luna, inoculan en el alma desconfianza en los dioses del día, incitan y estimulan el culto a los ídolos telúricos que desde hace mucho creíamos extirpado.

La noche de la India meridional no es la noche de Dobrogea, no es la noche de nuestras montañas, no es la noche de Italia. Entre ésta y las otras noches se extiende Arabia. Aquí, la contemplación del cielo inevitablemente te provoca extraños interrogantes y meditaciones. La noche en todas partes ha sido signo de misterio. Pero existe una noche de los poetas latinos, una noche de los románticos franceses, una noche de Novalis. Podríamos intentar hacer una clasificación según la compañía que nos imponga la noche: Dios, la mujer, el alma. Aquí, en la India, el acompañante es siempre el mismo: el alma. Por ello, los poetas y pensadores de la India parecen tan extraños; han pasado demasiado tiempo con ellos mismos.

Diciembre, 1928

110° Fahrenheit, ciclón dirección SO

Abril... Azota la epidemia: se anuncia el hambre. Muertos y más muertos. Día tras día el miedo se extiende, se esconde, amenaza más de cerca.

La gente de aquí ha renunciado a luchar. En primavera pagan el tributo de la pobreza; solamente en Calcuta hay cien muertos por semana, y sólo de cólera. En las ciudades, el cólera y la viruela; en las aldeas, la malaria y el hambre. ¿Habéis visto alguna vez a gente que durante diez meses al año se vaya a dormir en ayunas?

De Bombay, los trenes traen cada vez menos «turistas». En vagones con doble ventilador, los americanos se hacen lenguas de las ventajas de su país y de las reformas de la civilización en una tierra bárbara. Estaciones espaciosas, servicio rápido, hielo y alcohol.

Es inútil y estúpido soliviantarse contra los que sólo conocen la India viajando en coche y viviendo en hoteles. Cuando leo lo que dicen, me quedo aterrado; porque, detrás de las palabras dulces como un sueño pastoril, entreveo esas imágenes de la primavera bengalí que las estadísticas no mencionan y los fotógrafos no sacan.

Un hombre hambriento pedía limosna a la entrada de la aldea. Sus gritos eran apagados, como los de un perro agonizante. Al inclinarse a recoger las monedas que le eché, le crujieron los huesos con una sonoridad esquelética; los dedos le temblaban y, a pesar de sus esfuerzos, no podía coger el dinero. Entonces, en medio de una polvareda, se puso a darme las gracias y a llorar: «¡Maharajá, maharajá!»... Sus victoriosos lamentos atrajeron a un sinfín de muertos de hambre. Niños con el abdomen grotescamente hinchado y cabezas peladas y sucias. Mujeres con las piernas hinchadas y las venas negras que parecían serpientes. Seres famélicos que pedían unas monedas de cobre para comprar un puñado de arroz, y de níquel para sal y aceite. Me quedé clavado a pleno sol, sin fuerzas para ahuyentar a ese rebaño de espectros, sin posibilidades de saciarlo. ¿Qué podía remediar mi dinero? Cuando les repartí unas rupias de plata, vino otra manada de la aldea trayendo enloquecida y triunfalmente a sus enfermos, tullidos, ciegos y moribundos. Hablaban tartamudeando y con voz ronca. Dios sabe lo que estarían suplicando y explicando en bengalí. Las palabras que entendía me parecían gritos de socorro procedentes de un naufragio: «agua», «sal», «padre», «muerte»... Y el coro informe, salvaje, reverenciando, pidiendo y plañendo: «¡Maharajá, maharajá!».

Mi fuga podía ser simbólica. Corría con el paso nervioso del que quiere olvidar una pesadilla. Las voces se apagaban. En el umbral, a la sombra, sólo se había quedado el pordiosero baldado que no podía correr. Mi fuga era la del blanco que civilizó la India, «nuestra madre la India»...

*

Se acercaba el mediodía. Me encaminé hacia el río donde estaba esperándome el ingeniero al que acompañara en su tarea de supervisar la reparación de los cables de teléfono. ¡Oh! ¡Una caminata primaveral bajo el sol del Ganges! Por la campiña flotaban corrientes de aire ardiendo que herían los ojos y penetraban como torbellinos en los oídos y en las narices. Yo me tragaba ese aire caliente y seco, mezclado con polvo y peste. Las ropas me chorreaban. Tuve que renunciar a secarme la cara.

Unas gafas negras que me tapaban herméticamente la piel protegían mis ojos. Con el agua del termo mojaba el corcho del salacot. Según corrían los minutos, notaba cómo se me iba deshaciendo la voluntad de alcanzar al grupo. Me parecía tener los músculos desencolados, con las fibras muertas, pulverizadas. Los huesos estaban huecos y secos. Me sentía la sangre fría pero, en seguida, me parecía que me quemaba. ¡Ay! Acostarme, descansar, sólo un minuto, un minuto nada más...

Bajaba instintivamente hasta el río. La distancia que había recorrido por la mañana en una hora, se me antojaba ahora enorme. Poco a poco, los pensamientos se me disipaban. Caminaba sin ver, sin comprender. El viento, que parecía salir de un horno encendido, precipitaba la insolación.

Miraba el pañuelo lleno de sangre con una sonrisa estúpida y como ido. Imágenes y recuerdos centelleaban a ratos en mi cerebro hueco. Sin saber por qué, me martilleaba el comienzo de la balada: «A casa del pachá viene un árabe»... Me senté a la sombra del primer árbol que vi para secarme la sangre. Había olvidado todas las normas de higiene, el manual sanitario que leí y subrayé. No sabía cómo cortar la sangre salada y pegajosa que, cuando aspiraba con fuerza, se me venía a la boca. Entonces volví a experimentar la penosa y desoladora sensación de la soledad atroz y definitiva...

Me rodeé la cabeza con la chaqueta blanca y me quedé así horas y horas, asistiendo a la descomposición y recomposición de mi conciencia, juego humillante y cruel.

Empezaron las alucinaciones del blanco que está a 110° Fahrenheit. Jardines de leyenda persa, rostros de libros ricamente ilustrados, fuentes y estatuas, fantasías y recuerdos, estribillos soeces y fragmentos de oberturas, exclamaciones cómicas y fórmulas de química, las fotografías de las ruinas del desierto de Catay y la imagen de los libros de Sven Hedin, de la Imperial Library. Todo anegado en el río de sangre que chorreaba, lentamente como las lágrimas, de las narices y de la comisura de los labios. Las alucinaciones eran de color púrpura y echaban humo. El tiempo parecía una caravana que girara en torno a un extraño trono, los camellos parecían minutos (no podría explicar la relación). Recuerdo a un espectro levantándose del trono y diciendo no sé qué frase que yo había leído muy recientemente en un manual de arquitectura...

La segunda parte del juego me probaba que la insolación ya había pasado. Porque, en esta ocasión, sentía sólo un miedo inexplicable, aunque no me encontraba ni en la jungla ni en el desierto. Esperaba ver el destello del cuerpo venenoso de las sanguijuelas, terror de los blancos. La respiración seca del campo en plena canícula me parecía pasos de fiera. Miles de ojos amarillos, con venas sanguinolentas, surgían de entre las zarzas. Una araña se me subió por la pierna, pero mis sentidos me decían que eran serpientes que se me enroscaban. Eché a andar, entonces, sin preocuparme de la sangre coagulada y llena de polvo...

Cuando llegué adonde estaba el grupo, había oscurecido. El ingeniero había terminado ya su trabajo y estaba tomándose un whisky con soda. Las cosas no habían rodado bien porque uno de los trabajadores se había puesto enfermo y a tres les había dado una insolación.

–Démonos prisa ahora no nos vaya a pillar la tormenta...

Eso me hizo mirar al cielo, estaba empezando a cubrirse de unas nubes amarillas con tonos plomizos.

–*Sahib*, vale más que esperemos aquí...

No entendía el porqué de tanto miedo a una tormenta que no parecía tan próxima.

A los diez minutos ya no podíamos oír nuestras propias voces.

Inopinadamente, empezaron a estallar rayos. No estoy tratando de hacer literatura; pero la tormenta tropical es de una fuerza y una violencia terroríficas. Sentí que corría pero luego comprendí que era el viento el que me llevaba. Los otros, al igual que yo, habían perdido el equilibrio.

Corrían como almas que se lleva el diablo. Parecía que estuviésemos a media noche y que la luz de los relámpagos encendiera y apagara la mañana, con caprichos de demiurgo. Corríamos y nos hablábamos a gritos aunque apenas nos oíamos.

Junto a nosotros volaban seres invisibles, sin sangre, con cuerpos de papel de colores, oliendo a azufre y a incienso. Un espíritu con alas blancas me rozó y me estremecí; era el impermeable del ingeniero. Sin que lo pudiéramos evitar, la tormenta nos arrebató, uno tras otro, el salacot, las ropas, el termo, los paquetes de los trabajadores. No sé por qué, la visión de los árboles caídos y de

110° Fahrenheit, ciclón dirección SO

los arbustos hasta las nubes de altos, con raíces y nidos me regocijaba. Sentía en mi cuerpo una pulsación extraña, insistente y eruptiva, llevado por mi imaginación y mi sangre. Ya no me asustaban los rayos. Sólo el corazón me latía y me latía... Como si me hubieran quitado un gran dolor, dejando tras él sólo la amargura del vacío. Parecía que por la espalda, los hombros y los brazos me recorrían corrientes eléctricas. Me extrañaba que la sangre no me brotara por los poros abiertos, que no se me rompieran los tímpanos.

A unos metros de mí, el ingeniero soportaba la misma invasión eléctrica. Se reía y tenía aferrado el vaso de whisky con una mano amoratada. Se acercó a mí y me agarró del brazo.

–Ahora empieza a llover y todo irá *all right*!

Pero la lluvia no empezaba. En nuestra huida encontramos enormes ramas, maleza arrancada, techumbres hechas de hojas y ramas venidas Dios sabe de dónde.

–Entramos en el *basti*– se alegró el ingeniero.

No acertábamos a distinguir la aldea desde el bosque. Por fin, las primeras gotas, ardientes. Minutos después ya no podíamos respirar. La lluvia golpeaba, hería, tumbaba, mortificaba. La huida había sido en vano. Resbalábamos, nos castañeteaban los dientes, tragábamos sangre. Ya no nos empujaba el viento. Oíamos gritos, llamadas. Sin duda, nos hallábamos en la aldea. Me la imaginaba devastada y destrozada con niños aterrados escondidos en hoyos, con pájaros ahogados, con los animales dispersos por el bosque, caídos en los pozos, sufriendo heridos, mugiendo moribundos, electrocutados y ahogados en medio del diluvio.

Nos detuvimos extenuados bajo una descortezada palmera. El ingeniero buscaba al resto de la cuadrilla. Los hombres llegaban y reunían los restos del taller portátil: alambres, una caja de herramientas, una escalera rota. Yo asistía sonriendo al tremendo espectáculo de ver irse a pique el trabajo que habían hecho durante el día. No teníamos tiempo de mirarnos, con las camisas desgarradas, llenos de profundos arañazos y de un barro arenoso. Todos teníamos la cara descompuesta. El pelo húmedo parecía embadurnado en saliva. La risa de diablos hambrientos había dejado crueles arrugas. La mirada turbia, extraviada.

La India

A través de la lluvia llegaba hasta nosotros un ahogado llanto de espumas y maderas, que se filtraba por la tierra. Ese plañidero lamento presagiaba desgracia. El ingeniero se esforzaba por ocultar su zozobra frotándose nervioso los brazos desnudos.

–*Sahib*, es el Ganges...

En ese momento cruzó por mi mente la visión de las inundaciones. Todo el grupo se puso de acuerdo en seguida. Dejamos los últimos restos del taller y emprendimos la marcha, despacio, como el que se prepara a un largo camino, bajo la lluvia, en dirección contraria.

A nuestro alrededor, misteriosa y extraña, sentíamos la inmensa respiración vegetal.

Faridpur (Bengala), abril, 1929

Benarés

A Benarés se llega con el sol. El tren desciende desde Moghul-Sarai y se acerca al puente en el mismo momento en que el sol saca de su sueño la riqueza en oro y sangre de los palacios, de los jardines y los templos. El tren se desliza por el puente, el Ganges corre azul y fresco, transfigurado durante unos instantes por la fragilidad de una madrugada india. Losas de mármol blanco bajan formando largos peldaños delante de cada *ghat* hasta hundirse en las profundidades del río. Bañada de luz, Benarés parece una ciudad de cuento de hadas, inverosímil y nostálgica. Miradla ahora, cerrad los ojos e intentad grabarla en la memoria para recordarla más tarde, porque su gloria sobrenatural dura el tiempo que tarda el tren en atravesar el puente Dufferin, el tiempo que tarda el sol en remontar las dunas.

En la estación, Benarés exhibe el aspecto mixto propio de las ciudades indias colonizadas. Sólo que el gentío aquí es mucho más terrible y los viajeros, con la inevitable excepción de los turistas americanos, todos son indios. Nada más bajar del tren, me cierra el paso una comitiva que había acudido a recibir a un *sadhu*, un hombre santo, que acaba de llegar a Benarés procedente de Badri-Narayan, en las cumbres del Himalaya, a bañarse en las aguas del Ganges. Los fieles se apretujan delante de su compartimiento y esperan a que baje para ponerse de hinojos y recoger con las palmas de las manos el polvo de los pies del santo. De otro compartimiento bajan a una mujer de edad en una camilla. Sintiéndose próxima a su fin, la enferma pidió a sus hijos que la llevaran a Benarés y que, después de morir, arrojaran sus huesos y sus cenizas al Ganges.

Para los hindúes, las aguas del río sagrado tienen en Benarés inimaginables virtudes purificadoras. La víspera de las fiestas, los caminos y las carreteras están atestados de fantasmagóricas caravanas de moribundos, leprosos, viejos y pordioseros que vienen a concluir su última hora en los peldaños de mármol del *ghat*. Las olas del río lavan incesantemente los blancos escalones que descienden desde la orilla hasta el fondo. Aquí se encuentra la muchedumbre más abigarrada de Oriente. Mujeres de fascinante belleza, envueltas en velos de seda, con la melena suelta y descalzas, ataviadas con gruesos brazaletes, se bañan aquí a la vista de todos. A orillas del río sagrado se borran todas las diferencias de sexo o de casta, de color o de fe. Aquí todos se convierten en hermanos y hermanas, hijos de la «madre Ganges»[33]. Antes de sumergir la cabeza en el agua, todos hacen la invocación gloriosa al Ganges: *Ganga Ma ki jai*! A veces, cuando las aguas vienen crecidas y turbulentas, el pie resbala por el escalón y el cuerpo queda a merced del torbellino amarillo. En un santiamén, el hombre desaparece engullido por las olas. Si aún le diera tiempo, el bienaventurado murmurará su última acción de gracias. Pues la muerte en Benarés es una muerte grata a los dioses. En la orilla, los familiares y amigos no osan llorar por el que la «madre Ganges» llamó a su seno. Alguna que otra muchachita se rebela, se pone a nadar, pero se cansa en seguida y, cuando esté en medio del río, será ya pasto para los cocodrilos. Por su alma, libre ya de sufrimientos, se lanzan guirnaldas a las aguas del Ganges, flores rojas con el perfume húmedo de los templos o flores blancas de jazmín...

Unos amigos indios del Colegio sánscrito me sacan de las apreturas de la multitud. Subo el equipaje a una *tonga*, raro carruaje de ruedas más grandes que la caja, y nos dirigimos a pie hacia el corazón de la ciudad santa. Diríase que la carretera lleva hasta la puerta del paraíso, tal es el gentío que se arremolina y se va abriendo

---

33. En sánscrito, *Ganga* (Ganges) es femenino. [*Nota del traductor.*]

paso a codazos. Llego al barrio hindú, incrustado entre los templos y palacios del margen del río y entre los edificios de la calle principal. En algún sitio de esta calle se encuentra la oficina de correos y allí se dirigen todos los peregrinos de Benarés.

Los comerciantes me cogen de la mano para enseñarme palomitas de latón, elefantes de marfil ensartados en una rama de ebonita o chales de seda cosidos en plata. Un hombre que se hace pasar por santo empaqueta rezongando sus serpientes en el cesto de junco, seguramente descontento por las pocas monedas de cobre que ha ganado. Las serpientes, muertas de hambre, se enroscan prodigiosamente y la circulación se restablece durante unos minutos para colapsarse otra vez unos metros más arriba frente a una monstruosa vaca de cinco patas o ante un asceta enano. Algunas veces, tengo que subir unos montículos de piedras o tierra para hacer sitio a varias mujeres que van cogidas de la mano y van caminando sin mirar. Los cocheros de *tonga* les gritan y las mujeres corren en bandada asustadas.

Al caer la tarde, el panorama es aún más rico. Campanas, aromas, velos color melocotón, guirnaldas de luces, antorchas y cirios dan rienda suelta a su encanto en la única arteria principal de esta ciudad santa.

En cuanto te ven con salacot y vestimenta europea, te acosan extraños guías, mocetones incultos y descarados o monjes trapaceros. Te persiguen por las callejuelas, por todos los rincones y te repiten nombres de dioses indios con la esperanza de que, suponiéndote americano, te van a impresionar. Rechazo a unos cuantos improvisados cicerones que se ofrecían a llevarme al templo de los monos. Ya conocía de una primera visita a Benarés ese inmenso y aislado templo en cuyas terrazas y tejados va y viene una tribu entera de monos. Hay una ley no escrita que obliga a todo el mundo a comprar un puñado de cacahuetes para echárselo a los monos sagrados, que te rodean por todos lados con gritos y gemidos y te quitan los cacahuetes de las manos.

Ahora me encamino directamente al Templo de Oro, cerca del río, escondido entre montañas de piedra y ladrillos de las cúpulas de los edificios contiguos. Todas las calles llevan al Templo de Oro y todas están llenas de barro pues hay un continuo fluir de fieles

La India

que vuelven con las ropas mojadas tras el baño ceremonial. Las casas están tan próximas que a duras penas entra la luz y la aglomeración se hace agobiante. Por detrás te empujan los que se dirigen apresuradamente al templo a llevar las ofrendas: hombres con la frente ungida de ceniza o azafrán, mujeres llevando ramilletes de loto y coronitas de flores, doncellas con vasijas de barro que llenarán del agua sagrada del Ganges, niños desnudos y seriecitos. Por delante te para a cada paso la procesión de los que vuelven del baño con el pelo húmedo y las ropas empapadas.

A los lados están los tenderetes de los usureros y a medida que nos acercamos al templo, los usureros se multiplican. En bandejas se ven montones de monedas de cobre que los peregrinos cogen a cambio de las suyas de níquel y plata para dárselas a todos los leprosos que encuentren por el camino, a todas las viejas lisiadas y a todos los brahmanes. Hay altares por doquier, algunos empotrados en las paredes de los palacios, otros improvisados en algún tenducho, y delante de cada altar hay un brahmán que recoge las monedas. Por todas las esquinas cuelgan oriflamas de colores, largas tiras de tela; son las ropas de los que se han bañado y están esperando en las terrazas a que se seque su único indumento.

Avanzas con dificultad, atropellando a la gente continuamente y pidiendo siempre perdón en las cuatro palabras mal contadas de indostaní que sabes. En todas partes encuentras viejas o mocitas con vasos llenos de pétalos de rosa, de jazmín y coronitas coloradas. Para poderte acercar al Templo de Oro tienes que comprar guirnaldas y ofrecérselas al sacerdote con una moneda de plata. Solamente así se te permitirá mirar desde el patio al ídolo que simboliza Shiva, de piedra moteada de rojo, imponente, grotesco y tremebundo.

Bajo del templo y me voy en dirección al *ghat*, a una de aquellas terrazas dispuestas en anfiteatro, con peldaños de piedra donde queman a los muertos y donde se bañan los visitantes. El baño estaba en todo su apogeo y el agua llegaba hasta ahí mezclada con cieno, llena de pétalos y coronas. Detrás se divisa, descollando entre la confusión de lóbregos edificios, la mezquita de Aurangzeb, soberbia y elegante que exhibe la media luna en una ciudad construida única y exclusivamente para albergar templos hindúes. Y por más hermoso y seductor que sea el panorama (tus ojos se llenan con la visión de todos los *ghat* y los templos reflejados en el agua), no puedes evitar sentir un escalofrío de rabia y asco. Y es que a tu izquierda y a tu derecha están quemando cadáveres. Y es imposible entender cuán horrible es ese olor a carne asada que el viento extiende a lo largo de la orilla. Quizá por eso los indios son vegetarianos...

Me aproximo para asistir a la ceremonia. Colocan el cadáver amortajado de blanco sobre una tabla de madera y a su alrededor se ponen sus hijos, sus parientes y los sacerdotes. Nadie está triste. Un fotógrafo les hace señas para que se junten alrededor del muerto. Resignados, todos miran fijamente a la cámara y esperan. En cuanto el fotógrafo termina y se aparta hacia el muro, unos hombres retiran el cadáver y lo colocan sobre una pira. Acto seguido lo cubren con chamiza, lo aprietan con largos leños, le ponen un ceporro sobre las piernas, raíces secas debajo de la cabeza y por todos lados le meten cañas, tizones y virutas.

Cuando comienza a arder, parece como si el muerto quisiera levantarse de la pira. Crepita, se mueve y, en seguida, el fuego devora un pedazo tras otro, bajo la serena mirada de quienes fueron sus seres queridos. Sólo alguna que otra vieja, alguna hermana o esposa más débil de espíritu enjugan algunas lágrimas. Los demás lo contemplan y lo felicitan mentalmente porque el destino se apiadó de él y lo sacó de este valle de lágrimas. Varios cuervos esperan con gesto hosco en lo alto de un madero quemado. Se diría que adivinan que no les va a quedar nada para repelar. Pues antes de que llegue a terminarse la incineración, los sepultureros recogen la ceniza y los huesos e incluso brazos y piernas enteros todavía sin haberse quemado y los arrojan al Ganges. Entre flores y barcas aisladas, se ven cuerpos quemados o enteros yendo río abajo. Quizá se detendrán en algún médano del río o en alguna charca de aguas estancadas y, si escapan al apetito de los cocodrilos, los cuervos y buitres darán buena cuenta de ellos. Pues, para los hindúes, el barro del hombre no merece otra suerte...

Abandono melancólico el *ghat* funerario ya que han traído otro muerto arriba de la escalera de mármol. En esta ocasión, un pobre diablo, tal vez una mujer, que no tiene ni fotógrafo ni mucha leña. Al final irá a parar al Ganges mitad ceniza, mitad cuerpo.

Subo por una callecita oscura y entre casas, patios con muros blancos y pequeños templos, llego hasta el límite sur de Benarés, a Asi-Ghat. Aquí el Ganges está limpio, sus aguas son azules y el malecón un mar de flores. Asi-Ghat no es ni lugar de baños renombrado ni jardín funerario. Pero desde aquí, Benarés despliega toda su belleza bárbara y decadente. Desde aquí, el barquero me lleva por en medio del río, remando pausadamente, pues es más de mediodía y desde el bote veo a mis anchas las terrazas en las que continuamente se baña la gente e incesantemente se queman los muertos. En otra barca, enfrente de mí, una pareja americana en viaje de novios trata de emplazar un tomavistas en una silla alta. Precisamente ahora está bañándose la familia de un rajá en un distinguido *ghat*, cerrado por tres partes. Pero el barquero gira con tanta torpeza que la silla se vuelca con aparato y todo, para regocijo de los de la orilla y disgusto de las mujeres del rajá.

Cuando se pone el sol, los malecones se vacían y la circulación de las calles de los templos se normaliza. Durante el crepúsculo, una brisa de loto y ceniza penetra hasta el centro de la ciudad.

Deambulando por calles interiores me dirijo al Colegio sánscrito. Ha pasado la hora de las tentaciones; la tentación de las bandadas de fantasmas por las terrazas (¿aves o mujeres?), la tentación de las tiendas con artesanía de latón, la tentación de todas esas sensaciones aéreas o carnales que el diccionario no registra. Seguro que en todas las casas hay un armonio y una soprano. Sólo así se explica la ininterrumpida letanía que se abate sobre la calle. Pero solamente Benarés podría explicar el angustioso encanto que encierran esas monótonas lamentaciones y el triste adagio del órgano indio. A esa hora, una indefinida armonía atraviesa la tierra. El cielo, de sanguinolento, se va tornando cada vez más añil, más oscuro y más frío. Es la hora preferida de las mujeres porque entonces se visten con sus más preciosos *saris*, perfuman sus cabellos con aceite de canela, abren capullos de loto y salen a las terrazas. A duras penas se las intuye allá arriba, tras el parapeto de piedra, con el velo ondulando al viento, cantando o recitando los poemas del día. Cuando oscurece del todo, la vida de las terrazas se apaga. Sólo alguna que otra enamorada se queda hasta tarde, muda, resignada. Pero esas solitarias son raras, sorprendentemente raras porque en la India las chicas no tienen crisis sentimentales y su amor pasa lentamente de los padres al marido, sin vacilaciones ni relaciones de prueba.

Todo lo que de día tiene la ciudad de congestionada y bulliciosa, lo tiene de adusta por la noche. Y no tiene uno la sensación de hallarse en una ciudad dormida, sino en una inmensa comunidad que murmura en secreto, que vela o que reza. Alguna que otra ventana iluminada, alguien que llama a alguien, algún susurro, allí donde uno no sospecharía nunca que hay gente velando, te hace sentir que la vida no se ha apagado, sino que se ha recogido, y descubres que en todas las casas palpita la misma milenaria vida familiar, la misma vigilia nocturna.

Es una sensación nunca experimentada; la ciudad callada por un momento, pensando en el sol que saldrá al día siguiente, y que luego duerme. Ese es también el misterio de la noche oriental, que nace, como todos los misterios, todas las noches.

La Kumbh-Mela en Allahabad

En la India central, entre ardientes desiertos y lánguidas campiñas cubiertas de arroz, en el lugar donde confluyen los dos ríos sagrados, el Ganges y el Yamuna, se encuentra Allahabad, vieja ciudad de tres mil años de antigüedad. Los hindúes la llaman Prayag. Los musulmanes la llamaron Allahabad. Aquí se celebra cada doce años la mayor fiesta religiosa de toda la India. Sede de la festividad más santa entre las santas: la Kumbh-Mela; un millón de peregrinos se bañan diariamente en la confluencia de las aguas de los dos ríos. La última Kumbh-Mela se celebró en enero de 1930; la próxima ocurrirá en 1942. Una vez cada doce años, la India entera se estremece; las aldeas se conmocionan, los monasterios se quedan vacíos, de las cuevas del Himalaya descienden anacoretas desnudos y cubiertos de ceniza, de las costas de Malabar, del cabo Comorin, del golfo de Bengala, del Himalaya, de los montes Vindhya, del desierto de Bikaner, de todas partes llegan caravanas de carretas, grupos de monjes, pandillas de vagabundos, cortejos de leprosos, séquitos de rajaes, trenes de burgueses, carruajes cerrados con cortinas blancas repletos de mujeres; una muchedumbre impresionante anhelante de santidad. Son los peregrinos de la Kumbh-Mela.

Dos semanas antes, las líneas férreas que van hasta Allahabad están aglomeradas a más no poder. En las estaciones aguardan cientos de peregrinos durmiendo por los suelos, comiendo las provisiones que llevan en un morral y que se agitan en cuanto oyen un tren. Entonces se abalanzan con todas sus pertenencias al andén y preguntan: *Kider jaiga? Prayag jaiga?* (Es decir, «¿Adónde va? ¿Va a Allahabad?») Pasan trenes con treinta vagones de tercera clase en los que hombres y santones van literalmente aplastados día y noche y, no obstante, en cada estación se abalanzan otros miles que rompen los cordones de seguridad, invaden el andén con el billete en la mano gritando sin parar: *Prayag! Prayag!*

Nunca se me olvidará la noche del 25 de enero en que fui desde Calcuta a Allahabad. Cuando pasamos Benarés, el calor se hizo asfixiante. Estábamos en pleno invierno, pero viajábamos a la India central y los dos ventiladores eléctricos ya no bastaban para un compartimiento donde no cabía un alfiler. No podía moverse nadie. Junto a la puerta había un muchacho que bajaba cada tres estaciones y nos traía agua, plátanos y naranjas. La gente se había colado por las ventanillas, se había subido a los percheros y a los maleteros, estaban encogidos debajo de los asientos. Dos mujeres y un niño se desvanecieron y así, desmayados, llegaron a Allahabad porque, aun queriéndolo, no podíamos apretarnos más para hacerles sitio, ni tampoco podíamos movernos para prestarles ayuda. Así estuvimos viajando horas y horas, muertos de calor, casi delirando de fiebre, oyendo los mismos gemidos, el mismo ruido de ruedas y los mismos gritos de gente estrujada en las estaciones. Treinta vagones de los treinta mil que iban a la Kumbh-Mela...

El día 29 de enero, la Mela alcanzó su apogeo. Dos días antes, los cuatro millones de peregrinos habían bloqueado la ciudad y la estación de tal forma que los trenes se paraban en la estación anterior y, de allí, los peregrinos hacían a pie los diez kilómetros, con equipaje y sirvientes para llegar al clarear del día siguiente a la llanura de la Kumbh-Mela. Pero también las carreteras, durante unas horas, resultaron insuficientes para contener el éxodo delirante de carros, camiones, coches y caminantes. Y, entonces, de todos los rincones de la ciudad santa, de allende los campos, de los pantanos, atravesando colinas ardientes y arrozales, azotados por la arena y asfixiados por el polvo, comenzaron a bajar pintorescas

La Kumbh-Mela en Allahabad

y fantásticas comitivas lanzando al aire sus gritos de júbilo y de dolor en los centenares de lenguas de la India...

Quien no haya dormido en el campo, la noche del 28 al 29 de enero, no ha visto la Kumbh-Mela. Y es que al otro día se celebró la enorme y tremebunda procesión de los cincuenta mil santones, eremitas y monjas que partiendo del corazón del campamento llegaría hasta la ribera del Ganges. El camino por donde discurriría el cortejo estaba, desde mucho antes, amurallado por las dos compactas hileras de espectadores. Ya la tarde anterior, habían venido centenares, miles de hombres, mujeres y niños y habían colocado sus bultos al borde de la improvisada carretera. Durmieron allí, junto a las cuerdas, y téngase en cuenta que el calor tórrido del día se torna en frío intenso por la noche en esta ciudad al borde del desierto. A las dos de la madrugada, empieza a cundir la agitación en el campamento. Los camellos de la procesión relinchan inquietos; entre las tiendas se atisban sombras de elefantes; en la oscuridad se oyen murmullos y oraciones. Sólo había unos globos de luz eléctrica a la entrada y a orillas de los caminos. ¿Pero quién habría podido decir hasta dónde se extendía este truculento campamento de dimensiones de pesadilla? Las tiendas llegaban hasta donde alcanzaba la vista. La oscuridad de la parte trasera de los barracones, de los establos y de los hospitales de campaña era una caja de sorpresas. A veces se veía salir de ella a ascetas desnudos y extáticos que pasaban un instante por el círculo de la macilenta luz de los globos para, acto seguido, desaparecer sumiéndose en otra oscuridad. Junto a una hoguera, entre una vaga humareda, te sobresaltaban caras de anacoretas solitarios o de faquires farsantes. Si no andabas con cuidado, podías pisar a alguna mujer que dormía envuelta en algún cobertor. No sabes qué puede ser: si una mendiga, una leprosa o la mujer de algún terrateniente. Y es que aquí no puedes distinguir nada; la oscuridad y el polvo, el cansancio y la inquietud con la que todo el mundo espera el gran día de la procesión, borran las diferencias sociales, anulan los rangos y los aúnan a todos bajo el mismo ropaje humilde del peregrino.

Los globos parecen pálidos soles en la oscuridad fría del campamento. Y, de pronto, alguien ha tocado diana. En la tienda donde yo duermo, invitado por los monjes de la «secta» de Swami Vivekananda, oigo todo el murmullo, espero y tiemblo yo también del mismo frío y la misma locura. No me atrevo a levantarme hasta que no me sacude el hombro mi amigo Swami Nilakananda. Salimos envueltos en chales de pelo de camello que la víspera nos regaló un ricachón de Kathiavar. Nos dirigimos al fuego donde hierve el té. No reconozco a ninguno de mis amigos pues todos van embozados con chales, tocados con turbantes magníficos y la oscuridad sólo descubre sus cuerpos, flacos y anónimos como las sombras. Pero volvemos a encontrarnos en torno a la lumbre. Ahí está Swami Omkar, tan parlanchín y bromista como lo conocí en Belur tiempo ha. El otro, taciturno y macerado por los ayunos, es Swami Krishnananda, del que sólo se sabe que vino desde las montañas de Afganistán y que otrora fue jefe de un grupo de agitadores revolucionarios. El monje de barba negra es profesor de sánscrito. El cocinero que nos reparte los tazones de té es el conocido exégeta de Vedanta[34] Swami Madhvananda.

Nos calentamos como podemos con el té, que bebemos con leche y sin pan. Seguidamente, nos dirigimos al centro del campamento para coger un buen sitio, cerca de las cuerdas que marcan el límite por donde discurrirá la procesión. Nos sentamos en el suelo con las piernas cruzadas, como todos los demás, que ya estaban así hacía muchas horas y aún estarían otras más. Cuando despunta el día empiezan a distinguirse las facciones y todo el mundo se pone a charlar con su vecino. Tampoco aquí, como sucedía en el tren, puede moverse nadie. Porque cualquier lugarcito, por pequeño que sea, está ocupado y nadie osa atravesar este mar de personas sentadas con las piernas cruzadas.

A las ocho de la mañana da comienzo la procesión. La abre un cortejo de *nagas*, cinco mil ascetas desnudos, untados de ceniza, en esta ocasión en cueros vivos. Esta secta ha hecho voto de llegar a la humildad mediante la desnudez y todos los *nagas* están obligados, al menos una vez en la vida, a desfilar desnudos de pies a

---

34. Etimológicamente significa 'fin del Veda'. Una de las seis escuelas filosóficas ortodoxas *(darsanas)* del hinduismo. [*Nota del traductor.*]

La Kumbh-Mela en Allahabad

cabeza en la gran procesión de la Kumbh-Mela. Marchan en filas de a cuatro, agarrados de la mano, con los cuerpos resecos, quemados por el sol, agrietados por el frío, cubiertos de ceniza, con las greñas recogidas en un moño sobre la frente o sueltas por los hombros. Van casi corriendo hacia el río, impasibles y fríos como los hielos de donde han bajado. No les importa nada, ni que los miren las mujeres ni la morbosa fealdad de sus cuerpos contrahechos. Precisamente es lo que ellos quieren demostrar: que el cuerpo es efímero, la belleza una ilusión y los encantos corporales una quimera escondida entre ropas lujosas. Pero todos los cuerpos acaban siendo polvo y el cortejo de *nagas* es una prueba palpable de la transformación sufrida por sus cuerpos.

El espectáculo es asombroso y electrizante. La masa de espectadores no se inmuta ni reacciona. Hace mucho que conocen los dogmas de la transitoriedad. Y, además, un *naga* es alguien que ha renunciado a ser hombre; ahora sólo es un indigno servidor de su dios. Swami Nilakananda, adivinando mi pensamiento, me dice: «¿Sabes lo que le pasó antiguamente a una monja santa, a Gargi Devi? Pues que una vez acudió a una reunión de sabios y anacoretas con el rey y se presentó desnuda delante de todos. El rey y los consejeros protestaron indignados ante la desvergüenza de la monja. Pero Gargi Devi les preguntó: "¿Por qué perdéis los estribos ante una mujer desnuda? ¿Acaso vosotros no sois mujeres también? ¿Es que acaso hay más hombre en el mundo que Brahma, dios y creador nuestro?" Los consejeros no supieron qué contestar. Y este ejemplo de la monja Gargi Devi te puede aclarar por qué los indios ven con naturalidad el cortejo desnudo en la mayor de sus fiestas colectivas».

Me contenté con la explicación de Swami y volví a mirar la procesión. La escena había cambiado como por encanto. En lugar del cortejo de *nagas*, avanzaban ahora, lenta y majestuosamente, elefantes con baldaquines de púrpura y oro, con los colmillos abrillantados y la frente engalanada.

Rodeando a los elefantes, servidores y monjes. Los primeros ataviados con rica pedrería y turbantes con los colores bengalíes; los otros, desnudos y sucios, danzando con aire abatido y siniestro con los ojos mirando al sol. En los baldaquines, entronizados

La India

entre sedas bordadas con hilos de plata, sentados en almohadones de déspota asiático, rodeados de oro y alhajas, aireándose con fantásticos abanicos de plumas de pavo real, a modo de reyes, los maestros espirituales de las diversas sectas hindúes, los superiores de los monasterios ricos, los protegidos de los maharajaes. Unos, embaucadores; otros santos, pero todos con la misma mirada despectiva, sonriendo a la muchedumbre y agradeciendo los aplausos inclinando ridículamente el abanico. Los elefantes pasaban, la zarabanda continuaba, delante y detrás de los baldaquines algún que otro sujeto en éxtasis, embriagado por la gloria del monasterio vociferaba una larga loa a la que los espectadores daban acompañamiento recitando el estribillo, y después más elefantes aún más ricamente enjaezados, con una guardia de camellos montados por ascetas saltimbanquis, y otros nombres ilustres pasaban de boca en boca entre la multitud, otros vivas y otras loas. Y, de pronto, entre las dos procesiones de elefantes, aparece el cortejo de las monjas mendicantes; casi desnudas también, desgreñadas y con la cara pintarrajeada de ceniza, con sus cuerpos deformes y ásperos, tal y como llegaron desde sus soledades aquí, a la Kumbh-Mela. Una imagen de la India, el tránsito de lo soberbio y lujoso a lo humilde e insignificante. Una imagen sin igual de este mundo que continuamente oscila de un extremo a otro, del mundo del oro, de las piedras preciosas y de la lepra. Las monjas avanzan tapando su edad bajo la máscara de ceniza y tan sólo cubren su desnudez con un andrajo o una piel de antílope. En cuanto pasaron las últimas filas, volvieron a verse más baldaquines moviéndose por encima de la multitud de espectadores. Como todos están sentados, da la impresión de que los elefantes estuvieran pisoteando enanos.

Delante de mí, un periodista hace fotos y anota en un bloc todo lo que le dice su guía, un explorador indio, uno de los centenares de exploradores que forman parte de los servicios de orden del campamento, junto a los voluntarios nacionalistas. Más lejos, sobresaliendo con arrogancia entre los pigmeos orientales, dos americanos fotografían el desfile subidos a lomos de un elefante. A su derecha, otro elefante lleva una familia de blancos que lo están pasando muy bien, damas que fuman y cuentan chistes y caballeros que sienten lástima de la desdichada y salvaje India.

La Kumbh-Mela en Allahabad

Los cortejos se dirigen al río y, tras ellos, grupos nutridos de peregrinos. Son cerca de las once. «Probablemente se habrán bañado ya medio millón de personas», me dice Swami. Nos decidimos nosotros a bañarnos con el otro medio millón y nos levantamos. En medio de protestas y excusas, pasamos a trompicones entre los miles y miles de espectadores. Nos juntamos todos y nos acercamos al Ganges, ya que nos está esperando una barca inmensa para llevarnos hasta el punto de confluencia de los dos ríos, donde las aguas son enteramente sagradas en este gran día. Desde la orilla, no se ve otra cosa que velas, mástiles y banderolas de toda clase de embarcaciones que surcan el río, y las ropas de los que se están bañando. Es imposible imaginar una muchedumbre tal. También la otra orilla está atestada de hombres y mujeres bañándose juntos, entrando al agua por donde pueden, con las ropas mojadas, con el pelo húmedo, rezando, gritando cuando se les pierde algún niño, riendo cuando a alguno lo tiran de la gabarra, nadando río adentro, volviendo y revolcándose por la arena, mojándose, empujándose; un mar de sanguijuelas blancas, eso es lo que se percibe desde el centro del río. No se encuentra un lugar despejado en varios kilómetros a la redonda. En el centro, donde la corriente es muy fuerte, se detienen las gabarras de los ricos y allí, asiéndose con las manos a la borda, se bañan las mujeres y las muchachas, tantas y tan ligeras de ropa como jamás viera un ojo europeo. No es posible distinguir ningún semblante, no se queda grabada en la mente ninguna expresión, porque, como por ensalmo, surgen en el mismo sitio cientos, miles de seres que, al instante, son sustituidos por otros cientos y otros miles. No hay diferencias ni de sexo ni de casta. Con o sin ropa, lo mismo da, porque la Kumbh-Mela es santa y el Ganges purificador. Terminamos de bañarnos y nos quedamos a mirar a la sombra de las velas. Es el último día de la Mela y el calor va en aumento a medida que pasan los minutos. Y la muchedumbre apenas ha empezado a llegar.

–Hoy se han bañado más de un millón –me dice mi amigo Swami.

Amritsar y el templo de oro

En la India septentrional, en las cercanías del Himalaya, se encuentra Amritsar, la ciudad del Templo de Oro. Aquí el cielo es límpido y a la hora del crepúsculo sopla un viento impregnado de los aromas de los bosques de eucaliptos. El sol se pone con esa cansina majestuosidad propia de la India y, súbitamente, el horizonte se transforma, la carretera parece cobrar vida y el bosque se vuelve misterioso, peligroso, impenetrable. Sólo el caballo que tira del cochecito de dos ruedas lleva el mismo trote indiferente y resignado, sólo el cochero sigue siendo el mismo hombre impasible con ojos de bandolero. Pero nosotros, estos dos peregrinos transidos de emoción camino al Templo de Oro, sentimos y nos imaginamos todo el drama que representa el atardecer en el bosque.

Porque de todos lados surgen murmullos extraños, ruidos secos, sonidos de algo que se deslizara por los troncos, bejucos que se retorcieran, como si serpientes encantadas despertaran de su letargo, como si se sobresaltaran invisibles pavos reales. ¡Quién sabe la de misterios que se esconderán a izquierda y derecha de nuestro camino! Pues, helos ahí, lagartos de papo anillado y cresta de dragón, saltando de una rama a otra, se nos caen encima del hombro, se retuercen como ardillas y vuelven a saltar con un ruido inerte, asustadizo, por la escarchada carretera. En unos minutos oscurece. Los árboles adquieren perfiles fantásticos y las luciérnagas empiezan a volar, parece como si formaran un enjambre de chispas. Un bosque primordial, interminable e incomprensible, tal es el bosque de eucaliptos que atraviesa el viajero que se acerca a Amritsar procedente de Kapurthala.

Nos habíamos pasado una semana entera vagando entre los palacios y villas de Kapurthala. Una semana nostálgica e inútil pues Kapurthala es algo así como una ciudad-decorado; a cada paso se tropieza uno con palacios de mármol blanco o con una villa de balcones rojos, o un lago con pabellones. Y nos fuimos de Kapurthala con la pena de haber dejado atrás un lugar de ensueño, pero con la alegría de encaminarnos a la ciudad de la gloria y de los mártires sijs. En Amritsar nos estaba esperando la fiesta nacional de este pueblo viril y magnífico que son los sijs. Nos esperaba el aniversario del nacimiento del gran gurú Nanak, su patrono.

¡Con qué emoción contemplamos, aquella noche de noviembre, salir la luna! No era su fantasmagórica danza entre las almenas de Kapurthala lo que nos había robado la mirada. No. Ni tampoco nos habíamos quedado fascinados ante ningún palacio que pareciera sacado de un cuento de hadas; ni habíamos sido víctimas de ningún espejismo de visones polares cuando a nuestra izquierda y derecha resplandecían bloques de piedras blancas y lisas o destellaban los espejos de lagos de princesas. Encontrábamos en la soledad del bosque, en aquella intransitada carretera, el mismo hechizo de la India desconocida y escarnecida; el hechizo de su vida salvaje y dura, divina en su indolencia y alegría, alegría estridente en la creación y en el juego, alegría serena en la muerte. Hasta nosotros parecían llegar de Amritsar voces y susurros que nos llamaban. Y, en nuestro estado de encantamiento, perseveraba un solo pesar: que, a lo mejor, Amritsar nos desilusionaría, tal y como nos había pasado ya en otros lugares y ciudades de la India de los que habíamos oído hablar mucho y de los que nos habíamos imaginado muchas cosas.

Pero esta vez no hubo desilusión. ¿Pues qué importancia podría tener el hecho de que a la mañana siguiente nos detuvieran en el mercado y nos condujeran custodiados al puesto de policía de la estación? ¿Que nos hubieran tenido dos horas encerrados has-

Amritsar y el templo de oro

ta que concluyeron las pesquisas de rigor en una ciudad asolada por la revolución civil? ¿Y que nos fuéramos con una escolta militar tras prometer que no hablaríamos con la población local de la desobediencia política? Corría el otoño del año 1930, cuando cincuenta mil nacionalistas indios estaban en las cárceles. Estábamos en la India septentrional, la provincia que más sufrió, en la que ningún extranjero podía moverse sin permiso, en la que todo desconocido podía ser un agente revolucionario y todo indio un terrorista. ¿Pero qué importan esos detalles miserables e irritantes cuando ante nosotros se extendía la ciudad tantos años soñada y, en alguna parte, escondido entre portones y cúpulas sombrías, su templo de oro?

Caminábamos como se camina por una ciudad india: mirando a todas partes sin poder saborear nada. Las mujeres en pijamas blancos y verdes, con chales cortos y collares de oro sobre el pecho, mujeres con la tez blanca y los arrogantes andares peculiares de todas las indias del norte. Sus ojos llevan en la mirada, junto a la inevitable fascinación de toda mujer oriental, un orgullo contenido pero fuerte. Estas son las mujeres que se burlaban de sus maridos cuando, en cierta ocasión, volvieron de la guerra so pretexto de que era inútil toda resistencia. Ellas los amenazaron con que si no se volvían, les quitarían sus ropas de guerreros, les darían ropa de mujer y los pondrían a cuidar de los niños y a cocinar, mientras ellas marcharían a luchar contra el enemigo invasor. A raíz de eso, los hombres se fueron de nuevo y ya no regresó ninguno.

Eso pasó hace mucho, en los tiempos del gurú Nanak, en el siglo XVII. Pero sólo hace unos pocos años, el pueblo sij dio ejemplo del mismo heroísmo del que se enorgullecen sus mujeres. Quinientos hombres de la tribu Akali, convertidos a la doctrina de la resistencia pasiva de Gandhi, se propusieron «conquistar» un árbol. Y todas las mañanas enviaban un grupo de jóvenes a ceñir el árbol con los brazos. Naturalmente, la policía se opuso. Pero los jóvenes se negaron a abandonar su posición aunque no quisieron defenderlo por la fuerza. Y entonces los apalearon. Fue una paliza atroz, sangrienta, hasta que cayeron sin sentido. Y cuando el grupo caía, venía otro y lo sustituía. Sin una palabra de protesta, sin levantar la mano a nadie. La agonía duró varios días, hasta que cayeron quinientos jóvenes. Pero ellos mantuvieron su palabra, la palabra dada al *mahatma* Gandhi, la no violencia, y la palabra que se habían dado a sí mismos de no renunciar al árbol hasta perder el conocimiento. Este acto de renuncia a la fuerza física es tanto más formidable cuanto que los sijs de esta tribu son de una violencia legendaria, y porque, ante el insulto más insignificante, no vacilan en matar. Además, todos llevan un cuchillo al cinto (incluso durante la revuelta civil) y todos poseen algún arma. Y ese heroísmo es compartido por toda la comunidad. Sus triunfos pertenecen por igual a las mujeres y a los niños. Por eso las mujeres miran directamente a los ojos, con una sonrisa distante e impasible. A su lado, algunas indias parecen esclavas.

Marchamos por la calle del bazar. Todo el mundo espera con impaciencia los fuegos que se encenderán y los de artificio que se lanzarán por la noche. En todas las tiendas se venden velas y artículos de pirotecnia, bombas de arcilla y cohetes, girándulas, etc. En todos los rincones hay a la venta flores, guirnaldas, coronitas y perfumes. Pues todos los fieles tienen que visitar el templo por la mañana y depositar ofrendas ante el Libro Sagrado escrito por el gurú Nanak, titulado *Guru Granth*.

Somos arrastrados por un río humano repleto de flores y perfumes. Llegamos nosotros también junto a la masa de gente que nos lleva. El templo aparece de repente, una maravilla enteramente de oro, en medio de un lago flanqueado en sus cuatro costados por malecones de mármol. Parece un juguete por la forma tan perfecta e irreal como se alza en medio del agua y por el reflejo dorado de sus torres y cresterías. Este templo en mitad del lago es algo sobrenatural y sublime. Junto a él se concentran decenas de miles de sijs; hombres altos, con turbantes multicolores de seda, con barba de guerreros, ciñendo ricas fajas por las que asoman dagas y yagatanes; las mujeres con sus inestimables pijamas, de colores relajantes para la vista, con sus negras y perfumadas melenas cayéndoles sobre los hombros, con los pies pintados de rojo; niños con grandes turbantes blancos y azules que les dan pinta de pajes orientales en un baile de disfraces.

Al llegar al portón de entrada del malecón, tenemos que descalzarnos. Los zapatos los dejamos al cuidado de unos hombres que asombrosamente, y de inmediato, reconocen el calzado de cada cual entre los miles de pares iguales y lo devuelven alargando los zapatos, de uno en uno, con la punta de un bastón. También sacamos nuestros cigarrillos y se los entregamos al custodio de los zapatos. Si hubiésemos llevado alcohol, de cualquier clase y por poco que fuese, igualmente tendríamos que haberlo dejado, porque la religión de los sijs no permite tocar ni el tabaco ni el alcohol.

Entramos conducidos por exploradores sijs cuyo cometido es explicar a los visitantes extranjeros la historia del templo y el desarrollo de la ceremonia. Descalzos, rodeamos los cuatro malecones antes de pasar el puente de piedra que une el templo con la tierra firme. Todos van cargados de flores y por todas partes flota el aroma embriagador de las ofrendas florales. Pero nuestros exploradores saben abrirnos paso. Antes de un cuarto de hora llegamos a las puertas del templo. Paso a paso, con el aliento contenido por la emoción, con el cuerpo aprisionado entre cientos de otros cuerpos, avanzamos. En medio del templo, frente al Libro Santo, una alfombra cuajada de flores. Depositamos las guirnaldas con una inclinación y un sacerdote canoso, un gurú, arranca unos capullos del ramo que adorna el libro y nos los da.

El sij es el único templo indio donde se admite a toda clase de gente, cualquiera que sea su religión y su raza. Un edificio sencillo, sin ídolos y sin colgaduras. Una nave central, sobriamente decorada, en cuyo centro se encuentra, en un trono, el Guru Granth. Los días de fiesta, un gurú procede a leer de las páginas de este libro santo las enseñanzas del sabio y valiente Nanak. En el resto del recinto, flores y aromas. El día de hoy, el más importante para los sijs, todo el templo revienta de flores. Y la gente no ofrenda flores sólo al templo sino también al lago. Y sobre el pretil del malecón hay una sucesión de pequeñas lamparitas de barro cocido que se encenderán al atardecer. Son miles y miles de lamparitas, colocadas en tres hileras. En cuanto se pone el sol, los niños empiezan a encenderlas, una a una. Cuando ha oscurecido del todo, el templo aparece rodeado de este triple collar de lucecitas; y, al reflejo de las lamparillas, el lago tiembla y palpita como si fueran los destellos de un tesoro.

La India

Nosotros ya hemos subido a la terraza que hay sobre la puerta; una magnífica puerta de piedra blanca que cierra y defiende la entrada al puente que conduce al templo. Desde aquí arriba no sabe uno qué admirar más: si la magia infantil y fantástica del templo custodiado por las tres hileras de lamparillas, o la ciudad que comienza a iluminarse. Pues en toda Amritsar se festeja con potentes luces multicolores el aniversario del nacimiento del gurú Nanak. En todas las casas ha quedado al menos una persona para prender antorchas en la puerta, lamparitas de aceite en las ventanas y fuegos artificiales en la azotea. Algunos impacientes lanzan al cielo los primeros cohetes cegadores. Pero la señal para las iluminaciones la da la puerta del templo. Desde aquí, cuando la oscuridad empieza a extenderse, entran en acción las girándulas y una especie de obuses de color rojo. Inmediatamente, desde las torres de la balaustrada que se alzan en las esquinas del malecón, se lanzan luces de bengala. Las sombras verdes se elevan, se encienden y desaparecen por encima del lago.

*

Obuses en miniatura estallan sobre nuestras cabezas, y se rompen en centelleantes palmeras color carmesí. Algunos se deshacen como una corola verdivioleta que tarda en apagarse, para terminar bajando casi a ras del agua. Hay otros que dejan tras de sí una estela de polvo, como si fuera un gigantesco velo de novia, plateado y aéreo. Algunos parecen un rastro de ascuas, un látigo de fuego restallando y echando chispas como un rayo. Otros se asemejan a cálices de cristal fundido, milagrosamente suspendidos entre vidrios y cristales que caen vertiginosamente. Todos trabajan al alimón, felices y con ganas pues, para el espíritu marcial del sij, esta orgía de rayos y luces es mucho más que una festividad religiosa. En las azoteas se han reunido cajones enteros de explosivos, cientos de cohetes y miles de bengalas. Cualquier iluminación europea se difumina ante el derroche y grandeza de los fuegos artificiales de Amritsar. Hay momentos en que la ciudad entera aparece iluminada por el verde o el violeta de los cohetes como si estuviera enfocada por el proyector de un teatro prodigioso. Apenas puede oírse a los de al lado cuando hablan. El cielo atruena y los cohetes entrecruzan su trayectoria, los fuegos de las girándulas chocan entre sí, las palmeras luminosas se deshacen, se entreveran millares de confetis incandescentes. Casi nadie mira ya el humilde y vivo collar del templo. El mismísimo templo parece sentirse humillado, con todo su oro auténtico y macizo, bajo esta lluvia efímera y cegadora. La muchedumbre, sentada con las piernas cruzadas, como todas las multitudes indias, sólo tiene ojos para la gloria instantánea de los cohetes. Las mujeres se ríen divertidas, los niños se agitan intranquilos y los hombres se enardecen con el puño apretado en la daga. Unos, más tranquilos, mascan avellanas u hojas de *betel*, pero todos miran al cielo. Únicamente el templo y los sacerdotes se han quedado como estaban durante el día. Sólo ellos permanecen serenos y en silencio, junto a una multitud delirante.

Estoy en la terraza y empiezo a cansarme de contemplar el juego infantil y fastuoso con el que este pueblo viril festeja al gurú. A mi lado hay dos ingleses. Sólo dos, en toda la ciudad. Desde que empezaron los fuegos están fumando su pipa. Se intercambian breves impresiones de satisfacción. Sin saber por qué, me sacude una ola de tristeza. ¿Me lo parece a mí o es de verdad un símbolo el templo de oro, ese templo viejo y vivo, adornado con sus tres collares de luces, que permanece olvidado en medio de la fiesta porque la gente mira con deleite sólo las fugaces explosiones de los fuegos artificiales? Tal vez sólo me lo parece. Porque al otro día, entre amasijos de tizne y ceniza, entre flores podridas y papeles de colores, se yergue, resplandeciente y sereno, como lo ha estado desde hace trescientos años, el Templo de Oro.

Jaipur

El vagón del tren que se dirigía a Ahmedabad fue desenganchado en Jaipur a las tres de la mañana. Y cuando me desperté, unos pavos reales de denso plumaje azul tentaban sus alas contra el marco de las ventanillas. Me despertaron también las luces heridas por el azul de las plumas y sus estridentes chillidos. Estaba solo en el compartimiento y tuve que quedarme un buen rato pensativo para averiguar dónde estaba. Quizá en Gwalior, tal vez en Ujain o puede que en Ahmedabad..., pensaba yo, feliz y perezoso.

Llevaba varias semanas yendo de acá para allá, sin rumbo fijo, desde la India central hasta la frontera de Rajastán. La tarde anterior volvía de Fatehpur-Sikhri, la ciudad muerta de Akbar, magnífica y despoblada, en las afueras de Agra. Entonces no supe que estaba viendo por última vez la más nostálgica y obsesiva de las ciudades de la India mogol. Regresaba pensando en volver a verla a la mañana siguiente, que pasaría por el mismo camino jalonado de rosales silvestres en flor y de monos, que descansaría bajo las mismas descuidadas adelfas y acariciaría al pasar las mismas fuentes en ruinas. El camino de Agra a Fatehpur-Sikhri está salpicado de ruinas como sólo se pueden encontrar alrededor de las siete ciudadelas de Delhi. Pero lo cierto es que regresé, pagué el hotel y me fui a la estación sin pensar nada en concreto, sin ninguna intención previa.

La India

Marcharme y basta. Casi al azar elegí Jaipur, en las lindes del desierto, y por la noche tuve el mismo sueño de romanza grotesca, de tragedia alucinante que tiene probablemente todo aquel que visita detenidamente la India central. Ahora lo he olvidado. Pero me acuerdo de lo naturales que me parecieron las cosas teñidas por el azul de los pavos reales y ese silencio extraño, de rincón de estación india. Como si hubiese estado viviendo en otra parte.

Lentamente, los rayos del sol empezaron a caer más fuerte; los pavos huyeron a refugiarse a la sombra de unos mangos y yo caí en la cuenta de que estaba en Jaipur. Curiosamente, nadie venía a despertarme. El vagón se había quedado aislado en una vía a espaldas de la estación y todos se habían olvidado de él. Saqué la cabeza por la ventanilla para llamar a algún *chaprasi* con té. Sólo acudieron maleteros, más apuestos y marciales que los de las otras ciudades que había visto hasta entonces. Uno de ellos se ofreció a servirme de guía. Y mientras me vestía, él me relataba en una mezcla de indostaní y urdu, los encantos de la ciudad.

—Aquí, *sahib*, ingleses no, caro no. Aquí chicas, bailes, museo hecho por maharajá. Tenemos ejército, sellos, zoo. ¡Ven conmigo, *sahib*!

Y me fui con él, pero esta vez no me arrepentí. Porque mi guía me mostró los chales más tenues y los pañuelos de más vivos colores de Jaipur, me enseñó piezas de alfarería y estatuas de piedra y vi con mis propios ojos cómo se hacían en los talleres de la Puerta Roja. También me enseñó los rincones de la ciudad que el turista no ve, porque el turista es soberbio. ¡Y por añadidura me llevaba la maleta! Subimos a una *tonga* y marchamos por una carretera polvorienta flanqueada de mangos y *shivavriksbu*. El carruaje entró en un patio donde había muchos *chaprasi* tocados con turbantes dorados y pijamas blancos; un edificio horrendo, medio americano y medio rajastaní.

—¿Esto que es, *chokra*?
—Hotel, *sahib*.
—¿Y cuánto cuesta?
— Veinte rupias, *sahib*.
— Da la vuelta...

Jaipur

Y para que no creyera que no tenía dinero con qué pagarle sus pequeños servicios le susurré con una mueca misteriosa y confidencial que le fascinó:

—Estoy harto de hoteles, *chokra*. Esta noche quiero dormir en la ciudad, en algún sitio de Jaipur...

—*Very well, Sir* —dice en inglés subiendo la voz para que lo oiga el cochero.

Y así entramos en Jaipur, con la *tonga* tocando la campanilla cuando alguna carreta se nos cruzaba y atravesaba parsimoniosamente la calzada, cuando encontrábamos algún camello y cuando nos topábamos con alguna familia rajastaní que aún no había aprendido a cruzar una calle de la ciudad.

—*Chalo babu, chalo ma*...! —gritaba con superioridad siempre que estaba a punto de atropellar a algún aldeano cargado con un saco o a alguna mujer que portaba una vasija de barro al hombro. Al acercarnos al bazar, aminoramos el trote.

Lo primero que me sorprendió en Jaipur fue su belleza viva, era una ciudad construida totalmente de piedra roja, con crestería de estilo rajastaní; sus calles principales eran anchas y soleadas y por ellas discurría una animada y extraña multitud: hombres con chales de camello sobre los hombros y ufanos de saberse ciudadanos de un estado libre, sin ingleses, regido por un maharajá; las mujeres, de largo perfil ario, con pulseras de plata negra en los tobillos, con la melena suelta bajo la que asomaban las orejas de las que colgaban enormes pendientes que golpeaban las mejillas al caminar. Cuanto más pobres, más elegante es su porte. Su vestimenta muestra más que tapa, hasta quedarse reducida, en los caminos de las afueras de la ciudad, donde las mujeres van con los senos al aire, a una tira de tela granate alrededor de las caderas.

Es raro ver a una mujer que no lleve nada en la cabeza; y esa carga, que tiene que mantener en equilibrio en medio del ajetreo del bazar o en el campo a pleno sol, hace que su caminar sea tan rítmico, tan armonioso y personal, que uno tiene la impresión de que es una danza. Cuando alargan el paso, las rodillas tensan la tela y esbozan la redondez de sus formas corporales. Van con la cabeza ligeramente echada hacia atrás, los brazos rodean, como si de una guirnalda se tratara, la vasija que llevan al hombro o en la cabeza y los movimientos de las caderas son de una cadencia extraordinaria. Y, a cada paso, las pulseras de los tobillos resuenan o se entrechocan de un modo distinto imposible de adivinar ni de imaginar, tan seductora es esa música vivaz y primitiva de las pulseras.

Desde cualquiera de las calles principales se ven las murallas defensivas de la ciudad, las cuales ascienden por fragosas colinas hasta rodear el fuerte que se asienta en la cúspide. A trechos, puertas hermosas, sencillas, rojas, por las que pasan fatigados camellos y veloces *tongas* de caballos provistos de penachos y campanillas. El bazar empieza en el mismísimo corazón de la ciudad, en la propia calle real que conduce al palacio del maharajá y sigue, tortuosa y exuberante, hasta la Puerta Norte. Cuando inicias tu tranquilo paseo entre tantas maravillas y tesoros, en seguida te rindes a la tentación y entras a una almoneda donde se exhiben manuscritos rajastaníes y encuadernaciones de Bagdad; a ver una espadería, con espadas de empuñadura engastada de piedras preciosas; a otra de lámparas. Seguidamente vienen los orífices y los plateros con sus tiendas repletas de hebillas trabajadas a punzón, de lámparas para aceites preciosos, de brazaletes ensartados en cuernos de marfil, de vasos dentellados en oro, de tabaqueras con incrustaciones de turquesa, de gruesas sortijas que se venden al gramo, de zafiros como la uña de grandes. Y al lado los joyeros, presentando sus piedras preciosas en platitos de ébano, piedras, muchas piedras, todas cuantas pueda haber sobre la faz de Asia y en las costas de Malaya: montones de turquesas como los granos de una granada, trozos de jade, de ágata, cajitas de marfil llenas de perlas hasta el borde, frasquitos de jade y alabastro con agua de rosas y aceite de jazmín, dioses de ópalo, elefantes de marfil y monitos de ébano... Todas las maravillas y los arabescos de la India musulmana se encuentran en los escaparates y estantes de los joyeros de Jaipur. Aquí tienen su origen los regalos de los *zemindar* y los maharajaes; aquí se abastecen Persia y Malabar; con la pedrería y chales de Jaipur se embelesan las mujeres del desierto.

Voy de tienda en tienda arrobado por el lujo, emocionado con sólo tocar esos chales de seda fina como tela de araña, por las alfombras de pelo de camello bordadas con hilo de plata y bordeadas de sombras mate.

Jaipur

El guía me lleva a un taller donde asisto durante una hora a la operación banal y divina de colorear un chal. Decenas de muchachas trabajan atentas y en silencio, con la seda blanca entre las manos, bañándola cuidadosamente por todos lados en un pote de tintura. Junto a la pared, varias hileras de potes del tamaño de una lamparita de aceite, con un tinte diferente cada uno. Las chicas se pasan de una a otra el chal y del amorfo retal de seda blanca, tiesa y lustrosa como un vestido de novia, sale una maravilla como alas de mariposa, flexible, grácilmente deshilachada y con sorprendentes contrastes y matices.

¿Y qué decir de los talleres de mármol con su consumada técnica tradicional, continuadora de los cánones del arte primitivo indio, de donde salen grotescos ídolos de mármol blanco con rostros esmaltados en colores, Krisna tallado en mármol negro, ánforas y esencieros? Si se entra en un taller, luego no es posible librarse de ver varias docenas de talleres más. Te esperan en la calle y cuando sales te atrapan, respetuosamente eso sí, otros maestros u otros mercaderes, te tienden tarjetones de visita del tamaño de una postal que, por lo recargado, parecen carteles, te obligan a acercarte a su tienda y, a pesar de todas tus protestas, de tu ironía o de tus groserías, te persuaden, te abruman con su cortesía, te piden que les hagas el honor de visitar «sólo dos minutos» sus tesoros y te empujan triunfantes dentro del taller. Una vez allí, te traen una silla, te ofrecen cigarrillos y *betel* y, en cuclillas delante de ti, te extienden montones de chales, de alfombras, de tapices, de batistas. Difícilmente resiste un europeo. Por cortesía, al menos tienes que comprar un chal de seda...

Atónito por el esplendor del bazar, volví a subir a la *tonga* y me fui al parque público y al museo. Tanto el uno como el otro son creación del maharajá, producto de su educación europea. El jardín es como todos los jardines indios, lugar de recogimiento, de ocio y de citas entre hombres. Las mujeres, cuando vienen, lo hacen en grupo. El parque público sirve a la vez como zoológico y patio del museo. Hay docenas de jaulas de tigres de la región, leones, leopardos y osos. Los monos están al aire libre, atados a una cadena en árboles y su gran distracción es pelearse con los perros y las ardillas. Los perros se cansan pronto pues, en cuanto empiezan a ladrar, los monos trepan al árbol. Pero las ardillas los persiguen de rama en rama y buena parte de los espectadores disfruta con el espectáculo.

El museo posee la mejor colección de vasijas y estatuillas rajastaníes, pero lo que lo hace único es una admirable reproducción en cera, en todas las posiciones posibles, de los ascetas indios y de los medios de autotorturarse. Aquí se ven ascetas colgados por los pies con la cabeza encima de una hoguera que su discípulo no deja que se apague. Se ve a otro colgado del pelo en un árbol; otro que ha mantenido la mano levantada durante doce años, de tal suerte que parece la mano de un muerto. Todas las aberraciones, las supercherías y las estupideces del ascetismo popular indio se exponen con destreza y objetividad tras las cristaleras.

Salgo del museo dando las primeras muestras de cansancio. Es más de mediodía y apenas he empezado a enterarme de lo que hay que ver en esta prodigiosa y fascinante Jaipur. En el jardín, la gente se ha ido retirando a la sombra. De pronto, ves que por su modo de conducirse, por su mirada, por la forma de dirigirse a un blanco, los ciudadanos de Jaipur no son esclavos; el orgullo con que cualquiera te dice por la calle: «Nosotros tenemos un rey, somos un estado independiente, aquí no es como en la *British India*». Quizá son más insolentes, más ladrones y más crueles con sus hermanos de la *British India*, pero uno acaba por preferirlos...

En Jaipur, se encuentran por doquier pavos reales; ya vienen a recibirte a la estación campando con su belleza sagrada y azul. En el parque se cuentan por centenares, en todas las cresterías, en todos los bosquecillos, por los prados, en todas partes. Esperas la caída de la tarde mirándolos sin impaciencia. Se acostumbra uno rápidamente a Jaipur. Ante tus ojos, la vida da un vuelco en menos de media hora. La calle real ahora aparece iluminada, y las luces de cualquier ciudad oriental te sugieren involuntariamente las luces de bengalas. Pasas embelesado por las sombras de esas casas cúbicas, con sus siempre enigmáticas terrazas.

Cuando llevas unos días en Jaipur, seguro que ya conoces la dirección de las más conocidas casas de danza, edificios majestuosos y a la vez discretos, donde sólo se permite la entrada si se va acompañado de un guía que, por la mañana, te presenta allí.

Pues para poder elegir la danza que quieres ver por la tarde, tienes que visitar al patrón durante el día. Él te invitará a pasar a una habitación llena de tapices, te ofrecerá *betel* y cigarrillos *Gold flake* y te preguntará (tras inevitables incursiones en tu vida privada) cuánto estás dispuesto a pagar para ver el grupo de danzarinas.

El precio puede llegar hasta las cien rupias por tres horas y media de música y danza, con cuatro parejas de bailarinas. En Jaipur, las bailarinas constituyen una casta aparte y se las educa desde pequeñas con una cultura y una cortesía especiales: pueden hablar inglés con soltura, tocar muchos instrumentos, saber apreciar un tejido antiguo o un objeto artístico y saben comportarse con personas de cualquier posición social. Sólo el aprender modales y tener un porte distinguido les lleva años. Por eso el patrono no acepta al primero que viene a verlas bailar.

Por la mañana, te enseña, colocados sobre unos bancos especiales, los diversos trajes que vestirán las bailarinas. Te explica las melodías que interpretarán, te muestra los instrumentos musicales y, si ve que entiendes un poco de música india, te pregunta en qué *raga* quieres que se interprete tal o cuál célebre danza.

Por la tarde, tienes que llegar a la hora en punto y dar el dinero al patrón. Las consumiciones hay que pagarlas por adelantado y, cuando se compran cigarrillos, no se devuelve el cambio pues éste se considera propina. Acto seguido te pasan a la sala de baile.

Estás solo. La orquesta está situada tras unas cortinas: dos violines, la *vina*, una especie de timbal y un tambor pequeño. De pronto, aparecen las danzarinas; están más cohibidas que de costumbre porque eres europeo. Van agarradas de la mano y se pasean lentamente por la sala para que admires sus vestidos.

Algunos son auténticas maravillas y enormemente caros; a veces pueden sobrepasar el millón de *lei*. Sólo hilos y sedas jamás vistos, con collares y pedrería. Después de invitarte a cigarrillos o bebidas, hacen palmas para que comience la música. Todas están junto a la pared y marcan el compás de la música dando golpecitos con la planta del pie. Seguidamente, dos de ellas se sueltan y se dirigen al centro de la sala ondulando los brazos como si estuvieran acunando a un invisible bebé. Los golpecitos con el pie son extraordinariamente ligeros, de suerte que un levísimo tintineo metálico descubre los brazaletes de plata de los tobillos. Da comienzo la danza nacional rajastaní, para lo que las dos muchachas se han vestido de manera especial: *sari* de seda amarilla, corpiño ajustado y oscuro y chal carmesí. Llevan la melena anudada en dos trenzas que les caen por la espalda. Las dos empiezan inclinando el cuerpo a la izquierda, con un movimiento brusco que da la impresión de que van a caerse, y cuando tienen los brazos bien tensos dan una palmada y se enderezan. El movimiento se repite mientras las muchachas van en direcciones opuestas trazando círculos que se entrecruzan, al tiempo que la música acelera el ritmo hasta que las inclinaciones y elevaciones del cuerpo parecen subidas y caídas de una incomprensible armonía.

Es imposible describir esta danza donde todo es ritmo y sugerencia. De repente, cesa la música, sin preliminares ni eco, y, de forma igualmente inesperada, se paran las danzarinas en el centro de la sala con el tronco y los brazos en la posición inicial. ¿Quién podría describir una danza rajastaní? ¿Cómo sugerir esos movimientos de cobra soñolienta, esos movimientos de músculos largos, más intención que gesto, entrecortados por sobresaltos iracundos de ídolos milagrosamente animados, esos balanceos de busto detenidos por la serena inmovilidad de la cabeza? Danza tras danza, descubres otros ritmos, otros prodigios de sencillez, otras ondulaciones provocadoras, agonizantes, turbadoras o imperiosas.

El programa se ha concebido de tal suerte que las danzas que requieren un vestuario menor y más sencillo se quedan para el final. Ahora viene un corro de campesinas rajastaníes, seis chicas girando y dando palmadas alrededor de una imaginaria hoguera y van ataviadas con sencillez, como la última mujer de la región. Y luego viene la danza final, la danza del desnudo, increíblemente suntuosa, casi principesca: las bailarinas sólo portan sus alhajas y brazaletes de plata de los tobillos. En sus cuerpos, de una blancura tirando a cobrizo, la plata parece una pátina de hielo. Podría pensarse que han surgido de las entrañas de la tierra en la que están hincadas sobre unas piernas cargadas de plata. Parecen ídolos sonámbulos o guirnaldas de Asparas, esas ninfas celestiales que con su música y su danza encantan la eternidad de los dioses indios. Difícilmente habría podido uno creer que un cuerpo humano hubiera sido capaz de tales movimientos; estremecimientos y gestos tímidamente esbozados, una interiorización del ritmo rayana con la perfección, para terminar localizándose y resplandeciendo en un solo centro. Y cuando la orquesta calla, se quedan como estatuas, en la misma postura que tenían al comienzo de la danza y, de repente, aparecen ante nosotros desnudas y ausentes, como seis estatuas a las que unas hadas hubieran insuflado vida para quedarse de nuevo petrificadas durante su vuelo o cuando se hace el silencio.

En Rajastán

Amber, 2 de febrero de 1930

La empinada ruta de Jaipur a Amber es árida y discurre entre cactus y cardos, junto a las colinas con torres defensivas. Tras varios kilómetros de *tonga*, de pronto aparece la vieja ciudadela con el palacio reflejado en las aguas del lago, que abraza toda la ciudad, panorama de llanuras arenosas, paso de caravanas. Por la carretera, camellos arreados por camelleros rajastaníes, asnos cargados de baldes y de niñas. Mi guía, que no para de hablar, me explica la genealogía del difunto maharajá. Tuvo cien esposas y treinta hijos; pero a su muerte no había tenido aún un hijo legítimo, así que le sucedió en el trono su sobrino, hijo de un hermano, que ahora contaba veintidós años y solamente tenía una esposa. El actual maharajá es un soberano moderno.

Su palacio ha conservado jardines sacados de *Las mil y una noches*, pabellones enteramente hechos de hojas y bejucos en los que brota el agua por cinco lados a la vez, refrescando y perfumando el ambiente hasta marear. Todo el mundo puede visitar el palacio con tal de que en cada puerta dé una buena propina.

Un observatorio de mármol blanco que nos ciega con sus cuadrantes, con sus constelaciones y níveas escaleras; uno creería estar en un cementerio en pleno desierto, en una cantera abandonada. Después de visitar el observatorio, recorro al azar una docena de estancias reales, luego veo el Durvar, las carrozas del rajá, las cuadras, donde cocheros y camelleros descarados hacen chistes en hindi a costa mía. Heme aquí otra vez con el guía; ya en la *tonga* intento tirarle de la lengua para que me cuente cómo ven los ciudadanos de Jaipur a los ingleses. Le ofrezco cigarrillos y lo dejo que me hable de mujeres. Pero en cuanto le nombro a los ingleses, sonríe significativamente y me dice: «¡Aquí maharajá, ingleses no!». Y vuelve a contarme los encantos de su tercera mujer, Radha. Pues aunque él es musulmán, se casó con dos hindúes, dos jóvenes indias que le pagaban dos rupias al día; las dos eran viudas por más que no tenían sino diecisiete años y, como en el hinduismo habrían sido consideradas como enterradas en vida y no hubiesen podido volverse a casar, escogieron un marido mahometano.

Creo que el alma humana y regeneradora del islam sólo ha conseguido transmitirse mediante el pánico y la violencia; conversiones forzosas, conversiones inducidas por la lujuria. Las mujeres de mi guía murieron y, después, le dejaron todo su dinero. Añora a su primera esposa y no le regateaba elogios: le había dado su dote y su victoriosa virginidad...

Pienso en la hermandad indo-musulmana en los estados independientes, al abrigo de las intrigas de la administración británica. Una hermandad, empero, basada en la lujuria, en la fornicación. Compárese con la unión que soñara Akbar, con la visión mística de un Kabir. Hoy, la viudez sirve para tener más esposos o esposas. Con todo, no deja de ser una aproximación...

Amber es extraordinariamente hermosa, con los elefantes subiendo lentamente por la puerta principal y los camellos que parten a Bikaner. En mitad de la ciudadela, se encuentra el lago con sus aguas templadas por el sol y al que las murallas prestan sombra. Corredores que suben serpenteando, ventanas con celosías labradas de mármol y una habitación tapizada con un mosaico de espejos: se mire donde se mire, uno encuentra siempre su rostro redondeado y oval y, si se enciende una cerilla, brota de miles de manos esa misma luz, más pálida y trémula. Damos un paso y el decorado cambia por arte de magia, pues desaparece uno y se alza otro como por ensalmo.

Desde una de las ventanas cinceladas en el torreón, donde juegan los rayos del sol, y contigua al baño de los sultanes, se divisa allá abajo el lago triste (¿está triste porque es la hora del ocaso o porque Am-

En Rajastán

ber ha perdido su gloria de capital rajastaní, conquistada definitivamente por Jaipur?) con su puente de piedra que une las dos partes del palacio. Por la puerta, imponente e indolente, entra un elefante cargado con fardos de paja. Se detiene un momento, moviendo la trompa entre las murallas. El trajinero, adivinando la causa del perezoso titubeo de la bestia, la empuja. Seguramente multan por las boñigas que dejen en la puerta principal de la ciudadela...

Arriba, al otro lado de la celosía de mármol, me saturo con la contemplación de las colinas que la luz del crepúsculo torna maravillosamente azafranadas y, al norte, con el rojo del desierto donde alcanzaba a ver pasar las caravanas camino de Bikaner. Las habitaciones se superaban unas a otras. Al final, me canso de tanta maravilla y tanto gozo.

De súbito, me siento presa de una languidez y ya no hay nada que me llame la atención. En vano me digo que no voy a quedarme mucho tiempo en Rajastán, que tengo que llenarme la retina de imágenes para tener, más tarde, cuantos más recuerdos. Es inútil. Acaricio las paredes y aunque reconozco su inigualable hermosura, similar a las habitaciones del Fuerte de Delhi, no me proporcionan los goces de mis primeros días en Agra y Fatehpur-Sikhri. Diríase que me roe una extraña y tímida tristeza: que después de haberlas visto, el mundo me parece más pobre, falto ya de sorpresas...

Pero estas reflexiones son estúpidas. Tal vez sólo estaba cansado. En el cuarto de baño de las princesas, los últimos visitantes habían roto un frasquito de *atar*. El perfumado aceite daba vida a las piedras. Quizá la mujer que rompió el frasco lo hizo a sabiendas: para ahuyentar el desierto de ese cuarto de hadas con columnas de ágata.

Salgo a un balcón. Quizá no es tan bonito como los de Agra o Delhi, pero es más viril, ala negra, escudo y luminaria del palacio. A su alrededor se ven los torreones de las colinas y en la lejanía, donde tal vez ya se haya hecho de noche, los confines del desierto. ¿O tal vez, de tanto esperar, me lo parece a mí?

Regreso a la luz de la luna, fumando lentamente al fondo del carruaje, escuchando a mi compañero. Las murallas bermejas de Jaipur son ahora de color crema, como la arena. Muchas luces en las ventanas inferiores; las de arriba están cerradas. Poco a poco va refrescando. Todas las mujeres que pasan ahora por la calle llevan brazaletes en los tobillos, corpiño de oro y tienen los ojos bañados de atropina. Danzarinas.

Ajmer, 5 de febrero

Llegué casi a media noche con un frío terrible; estuve tiritando en la *tonga* hasta llegar al único hotel de la ciudad, el *Rajastán*. De una pobreza desoladora. El hotelero es un angloindio que presume de abuelos en Glasgow; un tipo muy finolis y que se da aires de hombre de negocios aunque yo soy el único huésped y ocupo una de las dos habitaciones de que consta el hotel. El comedor, que da a la calle, tiene mucha luz y la mesa siempre está puesta. Pero las habitaciones son de pena, están sucias y las camas no tienen colchones. El hotelero tiene un montón de hijos que se ponen a mirarme de buena mañana por un ojo de buey, cuando aún estoy en la cama. Toda la familia duerme en la habitación de al lado y los oigo cuchichear, desnudarse y quejarse en voz baja; toda la noche los oigo removerse bajo el mosquitero. Mosquitos. Un perro grande y negro que viene de la habitación de los dueños y una mujer que le silba y lo amansa. Qué impresión tan deprimente en esta ciudad que se encuentra bajo el dominio británico. Hacía mucho que no encontraba tanta miseria y grandilocuencia mercenaria como en este hotel. Es raro que los viajeros se desvíen por aquí. El último vino y se fue el 10 de enero...

...Visita a la ciudad en *tonga*. Qué pena que Ajmer sea tan poco conocida. Tiene el ritmo más oriental y el aspecto más cinematográfico de cuantos he visto hasta ahora. En esta ocasión nos encontramos con una ciudad en estado puro; las casas europeas están en los aledaños del cuartel. El resto son casas blancas con azoteas rectangulares, bloques de luz entre bosquecillos de abetos enanos y cocoteros. Las calles son estrechas y dan al bazar, los colores son más chillones, en la indumentaria de las muchachas predomina el color amarillo y todas las chicas tienen una expresión risueña y la mirada desenvuelta. El bazar huele a agua de rosas y jazmín. En la tienda de un mercader de esencias persas han abierto unos frasquitos y un embriagador aroma se extiende a cientos de pasos a la redonda.

La mezquita de Akbar, de oro y plata, es inmensa. La contemplo desde el patio de la escuela musulmana, a la que asisten cientos de niños. No se permite el paso a los infieles. El guardián es un viejo musulmán de más de ochenta años, de una belleza blanca, tagoriana. Tenía un álbum en el que habían escrito plumas ilustres, de reyes, de ministros, de sabios y de artistas; y, al lado, retratos y fotografías enviadas desde todos los lugares del mundo. Es su pequeño tesoro, que muestra a todo recién llegado con mayor entusiasmo y alegría que la mezquita. Su cara de profeta y poeta ha atraído a todos los pintores que han pasado por la India. Le pregunto cuál es su retrato preferido. Me señala sonriendo maliciosamente la cabeza de un ulema recortada de un periódico. «Pero esa cara no es la tuya», le digo. «Un chico creyó que era yo y me la regaló. En su mente, yo era el santo. Por eso me gusta este retrato aunque no sea el mío».

A un kilómetro de la ciudad, el lago con pabellones de mármol blanco, con bancos de piedra entre cipreses, el lago que da a Ajmer una imagen de cuento. Flores y mariposas desconocidas, perfumes desconocidos. ¿Y para qué, si sólo me voy a quedar un día? Aquí, a este parque, solía venir Shah-Jehan a descansar. En todos los bancos hay escrito un poema.

Me quedo ahí horas y horas, sin mirar nada, solamente el lago inmóvil, impenetrable, reflejando en sus aguas los pabellones con su techo dentellado.

En Ajmer, la juventud de las mujeres resulta más llamativa. Aquí no se siente uno tan acomplejado de ser blanco. Se las puede mirar sin ser tildado de maleducado. Se las puede seguir. Llevan los senos casi al aire.

Udaipur, 7 de febrero

Ciudad amurallada, con puentes y jardines, con el lago Pichola, el más hermoso del Rajastán. Ya no me acuerdo del cansancio del camino, de la tremenda depresión que de vez en cuando asalta a todo vagabundo. He olvidado que no voy a quedarme más que unos pocos días en esta ciudad que parece sacada de una película fantástica. De cuando en cuando, me siento en un banco y me parece estar mirando los anuncios de colores de la compañía Cook. *Visit India!*, parece decirme Udaipur desde el cartel publicitario de Cook. Y tiene razón. Pues Rajastán constituye la auténtica ruta pintoresca, la India donde nos gustaría pasar una bonita luna de miel. Una India para descansar y mirar.

En las ciudades rajastaníes no hay nada de la fuerza plástica, ni de la sombría responsabilidad, ni de la arquitectura exuberante de la India meridional u oriental.

¿Por qué puerta entrar? Elijo la *Chand Pol*, la Puerta de la Luna, que se abre al puente que pasa sobre el lago, desde donde me recreo con la contemplación de parques y terrazas, cresterías de castillos, barcos de velas blancas y confetis de formas humanas entreverándose al otro lado de la puerta.

Desde la Puerta del Elefante (*Hathi Pol*), me dirijo al templo de Jagannath, subiendo por una escalera de piedra flanqueada a ambos lados por un elefante. Los paquidermos se paran en la parte trasera del templo, los guardan en el palacio de la maharaní, suben la colina próxima a la ciudad con carga, con sus dueños o, incluso, vagabundos.

No puedo ver el palacio de la maharaní; tendría que pedir un permiso con antelación. Me quedo todo el tiempo en el parque, en las cercanías del templo. Las fiestas de aquí son célebres, con antorchas en el lago, con francachelas y lamentaciones, con barcas iluminadas y fuegos artificiales. Todo ha contribuido a hacer de Udaipur una ciudad de cuento de hadas. Últimamente, una ciudad de cine. Hace unos días se marchó un equipo indio después de filmar aquí dos películas históricas.

Un claro de luna dolorosamente real y perfumado. Diríase que no es una noche bañada por la luna sino por un fluido mágico, embrujado y palpable. En cada rincón de la calle se obtiene una impresión distinta de Udaipur. Ahora parece apagada, completamente apagada. Y ahora centellea de luz. Y ahora duerme hechizada como una ciudad a la que, tiempo ha, un encantamiento sumergiera en el fondo de las aguas.

En Rajastán

Bikaner, 10 de febrero

Sólo quiero escribir esto: que Bikaner está en el corazón del desierto, tras diez horas de tren entre arenales (desde la ventanilla del vagón se ven las caravanas, se vislumbran a lo lejos briosos jinetes) y que todo es de color rojo, la arena, la montaña rocosa sobre la que se levanta la ciudad y las casas y terrazas.

De pronto, al fondo del horizonte hacia el que avanzas desde hace diez horas, surgen unas murallas almenadas en la montaña, es Bikaner la altiva, de un color absolutamente cobrizo. Del rosa al púrpura. Bikaner es la montaña encantada de Simbad el Marino.

Es lo que más me ha gustado de la India, portento único e inimaginable. Imposible consignar los goces que experimenté; basten estas pocas líneas de cuaderno de viaje.

No hablaré con nadie de Bikaner, jamás.

Cocodrilos
(Fragmentos de un diario de caza, 1931)

Campamento en la jungla, junto a Sahibgange

...Ayer tarde abandoné Calcuta y llegué de madrugada a Sahibgange, en la provincia de Orissa. Esta vez no me dedicaré a recorrer ruinas ni voy a visitar templos. Me encuentro en plena jungla, en una comarca poblada por los santalíes, tribus rudas, animistas.

La aurora me pilló en una sala en la que sólo distinguía un maremágnum de sombras amontonadas por el suelo, unas contra otras. La sala de espera de la estación. Me preguntaba qué serían: si burgueses o ganapanes, indios o santalíes. Me dormí en mi otomana sin poder descifrar el misterio. No eran ni una cosa ni otra. Cuando me desperté, una hora más tarde, mis ojos contemplaron un espectáculo que un europeo que buscara la India pintoresca hubiese dado cualquier cosa por encontrar. La sala estaba atestada de familias bengalíes. Seguramente venían de lejos y estaban rendidos de cansancio pues la débil luz mañanera no los despertó. Junto a la pared, durmiendo sobre improvisadas esteras, con los pechos al aire y la cabellera desplegada, había cinco mujeres jóvenes, a quienes aquella cansina palidez daba una extraña belleza. Llevaban el *sari* anudado en la cadera...

*

De mi viaje Ganges arriba, hacia la desembocadura del río Kursi: médanos de arena blanca, playas soleadas y desiertas; y el coro

La India

de cocineros santalíes apiñados en la popa de la barcaza. No entiendo su idioma ni tampoco ellos hablan indostaní. No son del tipo ario, son de tez oscura e ingenuos; trabajan diez horas diarias como jornaleros en el ferrocarril y sólo les pagan cuatro *annas*. Pero se contentan con poco. No son vegetarianos porque no son hindúes. Con el arco y la flecha son capaces de abatir cualquier ave, de una cigüeña a una corneja y luego las asan. Por eso esta comarca parece tan desolada. Hay que adentrarse en la jungla para volver a encontrar la profusión de aves propia de la India.

Mis compañeros de cacería son todos angloindios, empleados del ferrocarril e insípidos, como todos los angloindios. Dos son católicos y uno masón, pero todos se han traído *coolies* y un santalí encantador de serpientes que también cura las mordeduras peligrosas. Escépticos y aburridos, siempre están burlándose de *those poor savages*, y se pasan la mañana hablándome de curas milagrosas que hacen unos brujos santalíes. Hablan, toman cerveza y bocadillos y miran las blancas orillas con la esperanza de hallar cocodrilos.

La barcaza navega con dificultad. Pertenece a la Navegación Fluvial, es vieja y tiene un aire tristón. Transporta a unos pocos blancos en el puente de proa y a decenas de gañanes en el de popa. Cantan sin melodía. Se la presta el ruido de las hélices...

*

El río Kursi desemboca en el Ganges en el recodo de una colina hundida, desde donde se puede contemplar la llanura arenosa y blanca, a un lado, y la jungla oscura y espesa, al otro.

Varias cabañas de aterradora pobreza. Pescadores y barqueros, unos parias, otros salvajes convertidos al hinduismo. Una mujer zarrapastrosa machaca cebada para hacer tortas. Los hombres cosen redes de hilo untado de brea. Pero la tristeza es abrumadora. Se ven negros para pescar algún pez en estas aguas infestadas de delfines y cocodrilos y, cuando lo pillan, no tienen a quién vendérselo. No hay aldeas cerca de aquí y, antes de llegar a Sahibgange, el pescado se habría echado a perder. Su alegría es doble porque saben que vamos a matar cocodrilos y a comprarles pescado.

Cocodrilos

En la desembocadura del Kursi juegan decenas de delfines. A veces, un pez salta en el agua, salpica y se le ve correr perseguido por un delfín. Ninguno puede escapar a los colmillos del delfín. Inútilmente disparamos a los lomos oscuros y duros. Las balas resbalan en la piel y se apagan en el agua o se incrustan en la capa de grasa del delfín.

Cargamos en una barca los equipajes, la tienda, las vituallas, paquetes de cartuchos y cobertores. Llevamos un cocinero que continuamente está preparándonos té pues no tenemos más agua que la del río, y la verdad es que resulta mejor bebida como infusión con el té; dos *coolies* y dos desolladores de cocodrilos. Los barqueros reman despacio pues el agua quema. Nosotros vamos por la orilla y no tardamos en perderlos de vista; ya no oímos el batir de remos ni tampoco distinguimos sus voces. Avanzamos rodeados de un silencio cada vez más cálido, un silencio que cambia por momentos. En una de las orillas del río está la jungla; en la otra hay como una pequeña ensenada donde pululan los cocodrilos.

Es lo que me habían dicho y lo que yo esperaba ver. No pululaban en la boca del río ni tampoco salían de repente todos juntos, como había oído decir. Pasaron casi dos horas de marcha, yendo yo con la respiración contenida del novicio y pisando por las ramas con cuidado, hasta que el brazo del compañero que iba en cabeza nos hace señal de alto y nos manda escondernos entre la hierba. El primer cocodrilo. Yo no veía nada, sólo una especie de herradura en la otra orilla, cerca del agua.

Nos mantenemos todos a la expectativa. De repente, atruena la jungla una descarga que parecía provenir de otra parte, un retumbar ajeno a la jungla, seguido de chasquidos en unos rincones donde nadie hubiese sospechado la existencia de cocodrilos; montículos de arena húmeda, al borde mismo de la jungla, arroyuelos escondidos entre el verdor, troncos podridos. Pero las balas habían dado en el blanco y todos miramos con entusiasmo la primera víctima abatida por el más afortunado del grupo. Como estaba en la orilla opuesta, no pude observar los espasmos del cocodrilo. Había sido alcanzado en la cabeza y las balas le habían partido la espina dorsal. Era un dragón muerto, espatarrado, que

La India

no pudo llegar al agua donde se habría sumergido y luego habría subido a la superficie, donde su carroña hinchada hubiera permanecido flotando durante varios días hasta quedarse tirada en la orilla de alguno de los islotes del Ganges.

La barca tardará una hora en llegar aquí. El desollador le quitará la piel, la frotará con sal rojiza, la doblará en un saco húmedo y la extenderá al fondo de la embarcación. Los buitres darán buena cuenta de la carroña.

*

...La jungla aquí resulta menos espesa, sin aves, con muchas serpientes entre los matorrales de la orilla. Mis compañeros las matan a bastonazo limpio. Todavía no hemos encontrado cobras y no podemos malgastar cartuchos. Además, sólo disponemos de carabinas de dos cañones y son únicamente para usarlas contra los cocodrilos.

Al segundo lo mató alguien de los que iban por la otra orilla. Estaba delante de nosotros y no lo veíamos. Otra vez la señal con el brazo y volvemos a ocultarnos. Al primer disparo siguió otro. Entonces echamos a correr y encontramos a la bestia con el espinazo partido y las fauces agujereadas, chorreando sangre e intentando alcanzar el río. La sangre le manaba como a aquellos dragones de los Nibelungos que leía en mi infancia. Sentí que me emborrachaba, me sentía tentado de meter las manos bajo el chorro de aquella sangre caliente. Pero los demás no me conocían y no me lo hubiesen permitido. Y el cocodrilo tampoco estaba muerto. Coleaba sin cesar. Un golpe en una pata habría sido suficiente para romperle el hueso para siempre.

A partir de ese momento, las detonaciones se suceden. En cada recodo del río hay un refugio soleado, lomos parduzcos y embarrados. Otra vez a esconderse, otra vez el corazón que palpita, la escopeta que apunta a la nuca y la bala que sale dando una sacudida al arma. Un monstruo con tres tiros en el testuz que aún saca fuerzas para perderse en el río. No le habían partido el espinazo.

*

Cocodrilos

En cuatro horas dejamos nueve cocodrilos yaciendo muertos en la orilla y otros perdidos en el río. Agotados, nos ponemos a esperar la barca junto a la última pieza cobrada. Fumamos y les disparamos a todas las aves que pasan por encima de nosotros, para dárselas de comida a los *coolies* y a los barqueros. Un ave de alas largas y rojas, de pico largo, cae inerte y con un ruido seco. La colocamos junto al cocodrilo y esperamos. El sol cae a plomo para seguir matando cocodrilos. La barca se acerca lentamente y se dirige hacia nosotros con el mismo lento batir de remos, como si estuviera acercándose a un cocodrilo muerto. Un *coolie* salta a tierra a coger el ave; los desolladores afilan sus cuchillos de hoja estrecha. Asisto a una admirable operación, una auténtica ilustración del manual del perfecto desollador.

El cadáver del cocodrilo no se tira. Pues en cuanto a uno lo matan, puede distinguirse en lo alto del firmamento el vuelo en redondo de unos cuantos buitres. Esos pocos pronto son legión. Mientras se desollaba al cocodrilo, los buitres se concentraban en los árboles de alrededor, se iban posando sobre ramas cada vez más bajas, luego saltaban a tierra y casi se abalanzaban sobre la carroña con la piel a medio arrancar. Pero nadie los espantaba, como tampoco nadie mata a estos animales que contribuyen a mantener limpia la India. Mientras esperaban pacientemente, metían la cabeza entre las plumas para protegerse del sol que caía sin piedad. Un ejército de pequeños napoleones, eso es lo que nos parecían a los blancos los buitres con las cabezas hincadas entre los hombros. Algunos abrían graciosamente las alas de más de un metro y, fraternalmente, cobijaban debajo a algún buitre próximo, que recibía la protección con indiferencia.

Después de plegar las pieles, nos subimos a la barca a seguir nuestro viaje por el río hasta el primer lugar de parada. Pero no bien nos habíamos alejado de la orilla cuando el cuerpo blanco y lastimoso del desollado cocodrilo desapareció bajo la invasión de buitres. Se montaban unos encima de otros, arrancaban los pedazos, desgarraban con las patas, hurgaban en las entrañas y huían unos pasos más allá para deglutir la carne, romper los huesos, picotear los restos. Graznidos, batir de alas, un sangriento sube y baja.

La India

Los buitres purificaban.

*

A las cinco de la tarde llegamos al lugar donde debíamos acampar. Pasé la tarde charlando con mis compañeros. Uno de ellos había conocido al coronel Lawrence. Mucha holganza, mucho tabaco y mucho té. Mañana tenemos que levantarnos al alba.

El mismo campamento

Anoche, inesperadamente, nos bañamos todos en el Kursi, en el mismo río en cuyas riberas habíamos estado cazando todo el día. Y lo que me sorprendió fue que a nadie le pareciera ser eso un gesto temerario, sino sólo higiénico pues habíamos sudado mucho y estábamos agotados.

Hicimos diez kilómetros más por el Kursi. He perdido la cuenta de los cocodrilos que cogimos. Ahora la cacería carece de aliciente. Sólo cuando tuvimos que coger con un garfio un cocodrilo que se había caído a una charca del río volví a cogerle el gusto. El río es demasiado pequeño para poder cazar desde la barca. Tenemos que batir la orilla como hicimos antes.

Nos encontramos con un grupo de santalíes que nos piden un cocodrilo recién muerto para comérselo por la noche. Les prometemos darles el próximo que cacemos y así lo hacemos. Me entero de cosas bárbaras y repugnantes sobre los santalíes. No me sorprende que coman también carne de cocodrilo. De vez en cuando capturan un cachorro de cocodrilo, sobre todo cuando se retiran las aguas de una inundación, y lo ceban con ranas y serpientes hasta que se hace lo bastante grande. Pero no lo matan porque no sabrían qué hacer con tanta carne de una vez. No es posible conservarlo porque no tienen hielo. Y entonces hacen una cosa muy sencilla: cada día cortan un trozo de la cola del cocodrilo, el cual está atado con una especie de cadena. El animal se revuelve y sangra pero no muere. Al otro día, vuelven a cortar otro trozo y un tercero al día siguiente; luego lo dejan unos días hasta que se le cura la herida... Un cocodrilo puede resistir así hasta diez días seguidos. Según nuestros santalíes la carne de los cocodrilos prisioneros es exquisita.

...Anoche, un chacal hambriento se acercó a nuestra tienda buscando restos de pescado. Cuando se los tiramos, los devoró como un perro. Hasta el amanecer, estuvimos oyendo aullidos provenientes del otro lado del bosque, allí donde tal vez empiezan las desoladoras llanuras de Orissa. En esta provincia, ni pobres ni bestias hallan qué comer.

...Las pieles saladas de los cocodrilos despiden un hedor a serpiente putrefacta o a Dios sabe qué carroña. Y sólo han pasado los primeros días de caza.

Diario del Himalaya

Kurseong, 8 de mayo

En Silinguri tomo un tren de vía estrecha, un tren en miniatura con cinco vagones pequeños... Encuentro mi nombre escrito en una tarjeta de visita en un compartimiento no más grande que un armario.

Mis compañeros de viaje son una actriz india, que se parece extraordinariamente a Indira Devi, y tres persas. Lo primero... No, no está bien anotar el recuerdo de la noche pasada en el expreso de la East Bengal Company. Si sólo hubiese sido el espectáculo de las familias europeas abandonando Calcuta *for the change* (la caravana de sirvientes indios portando los bultos de las mansiones aristocráticas), si sólo se hubiese tratado del pintoresquismo de una estación india o de las conversaciones con los viajeros que deleitan el insomnio de la noche tropical con *brandy*, habría escogido la mañana de Silinguri para iniciar este diario.

...La partida. Una vez más me convenzo de que sólo el marcharse solventa el rosario de sentimientos contradictorios que la debilidad altiva de los modernos denomina «problemas del alma». Pasar en una noche de la canícula de Bengala a la limpidez de Salinguri. Como todos los viajeros por la India, llevo mi cama a cuestas. Eso le da a la cama un aire de intimidad y ambiente de hotel al compartimiento.

Un médico bajo y gordo (coincidencia literaria) llevaba a Darjeeling un cesto de fruta. No tuve nada que objetar cuando me pidió permiso para colocar el cesto bajo mi otomana. Medianoche. Las luces apagadas. Sólo el discreto zumbido del ventilador y el chirrido de las ruedas en las vías. (No sé si he escrito que no se puede viajar por la noche en tren en la India sin tener a cada momento la desagradable sensación de que va a descarrilar.)

Unas inusitadas sensaciones táctiles me despertaron. Cogí una de las cosas que me tocaban y no necesité de la luz para saber que era un alacrán. Invadido de alacranes... Quizá no eran muchos pero, en cualquier caso, sí los suficientes para asustarme. Si hubiese saltado de la cama a encender la luz, no me habría servido de nada. Porque, por mas rápido que lo hubiese hecho, por lo menos un alacrán habría tenido tiempo de picarme. Entonces seguí el consejo de un maestro mío: «cuando algún animal peligroso se te acerque, ordénale que se vaya». Y, como era de esperar, los alacranes se retiraron uno detrás de otro. (Se ruega a los lectores cultos que se escandalicen por este hecho supersticioso.)

Por la mañana se lo conté al médico. Él me aseguró que fueron cucarachas y no alacranes los que me invadieron.

*

De Silinguri a Kurseong la distancia es corta pero el camino malo. El tren sube y baja por una jungla montañosa. En unas horas subimos hasta cinco mil pies; poco es si pensamos en el Kinchinjanga, pero mucho comparado con las planicies de Bengala. El camino, sin entusiasmo y sin sentimentalismo, auténticamente único. Los paisajes alpinos parecen descoloridos en comparación con éstos. La cabina metálica que se desliza sobre los precipicios suizos no parece aquí gran cosa. El Himalaya se yergue en medio de un cielo incomparablemente azul; una orgía vegetal en los valles, con laderas rocosas y nubes blancas coronando las cumbres. Todavía no conocía sus aspectos majestuosos y solitarios. Vemos la nieve tan alta que no podemos creer que sea real. Tampoco el frío es tan crudo. Pero la incomparable diversidad del Himalaya... El tren avanza a trancas y barrancas entre los peñascos y mesetas que se han precipitado desde las cumbres. El camino es terriblemente sinuoso; ora pasa por el borde de un precipicio, ora por la oscuridad de un bosque, ora atraviesa una espesa capa de niebla... La niebla humea como una caldera y se extiende con sorprendente rapidez. Hay trechos en que se ha precisado de ingentes esfuerzos para mantener las vías. La colina tiene una capa de argamasa, y el valle terraplenes. De lo contrario, cuando llegara el deshielo, la rocalla taparía el trazado ferroviario construido a golpes de millones de rupias y los matorrales lo sofocarían.

Encontramos casetas de madera con guardas vestidos a la usanza de los montañeses asiáticos. El silencio es, por momentos, tan puro que, sin querer, uno se pregunta si el tren existe realmente o si sólo es un eco de nuestro propio mundo interior. Porque el silencio era tan irreal que ni el rechinar de la carbonilla podría romperlo. Sólo los recuerdos, los deseos de un alma en ebullición habrían podido mermar el prodigio del Himalaya.

*

...La actriz se parecía a Indira Devi. Esa es la única cualidad que pude ver en ella. Todo el tiempo estuvo mirando por la ventanilla. Conservaba todavía la timidez de la mujer recientemente emancipada de *pur dah*. Resulta portentoso su valor de viajar sola hasta Kurseong. Sin embargo, había tenido el toque femenino de escribir en la tarjeta de su maleta *actress*.

Los persas era locuaces e inquietos. Iban a Darjeeling a pasar unos días y habían empezado ya a divertirse en la estación. Al llegar a Kurseong éramos amigos.

Ya antes de bajar del tren acudió una afluencia de chicas ofreciéndose a llevarnos el equipaje (¿existe el femenino de «mozo de cuerda»?). Como buen europeo que se había educado en el culto al eterno femenino, me resultaba muy embarazoso tener que elegir. Porque las chicas eran muchas y mi equipaje escaso. Corrían hasta la ventanilla del compartimiento dando codazos a las competidoras. La mayoría era de Sikkim, menores y pobres pero que llevaban pulseras de plata. Si no conseguían coger una maleta se nos plantaban delante y nos pedían *bacsis* (la palabra es la misma que en rumano)[35]. Ya conozco otra costumbre asiática: pedir dinero sin hacer ningún servicio y sin mendigar propiamente hablando.

La propina aquí es un acto de liberalidad, como la que dan los maharajaes por el placer de dar y de oír una interminable cantinela de *salam*. Los niños te acompañan por la calle (la mayoría desnudos, naturalmente), se llevan la mano a la frente y luego se golpean las rodillas gritando: «*Sahib, bacsis! Sahib, bacsis!*».

Las chicas tienen una forma muy peculiar de llevar los equipajes pues atan los bultos con una cuerda, se los echan a la espalda y los sostienen con la ayuda de una correa que se pasan por la frente.

Kurseong: el tren llega pasando por una calle bastante ancha y bien cuidada. Se ven casas de estilo extranjero y *paping guesto*; la población, mezclada e informe. Veo grupos de inglesas con el inevitable bastón de montaña y la mirada tan perdida que da la impresión de que creen estar a varias millas de Kurseong, en las montañas.

Visita al Colegio católico; curas belgas y franceses que hablan sánscrito con la misma facilidad que latín.

Cae la noche. No he encontrado ninguna casa que me agrade. Anduve mirando por la periferia de Kurseong, por las colinas llenas de flores trepadoras. Vuelvo a pie por en medio del bosque. Tras el ocaso, el cielo se torna extrañamente claro. La mirada se me posa sobre unas cumbres desconocidas, lejanas, frías.

Siempre que cambio bruscamente de clima (físico o espiritual) son tantas las sensaciones y pensamientos extraños que me invaden, que tengo que hacer ímprobos esfuerzos para volver a encontrar mi órbita y mi punto de equilibrio. En esos momentos, lo que me alivia es hacer examen de conciencia. Flaqueza moderna: cuestionar lo que ya ha cambiado, lo que ya ha muerto.

Charla con el padre T. sobre el sentido de la existencia en el cristianismo y en el hinduismo. Toma parte también un bengalí,

---

35. Significa «propina» y es común a varias lenguas de la Europa oriental como el rumano, el griego demótico, el albanés y el búlgaro. Es palabra de origen turco, lo que explica la coincidencia que señala el autor. [*Nota del traductor.*]

profesor de física. Es sorprendente esa fe tan profunda que tiene en su metempsicosis o, al menos, en la transmigración de las almas en los cuerpos humanos. Observo que el profesor de física está mucho más dispuesto a aceptar los milagros que el padre T. El sacerdote católico es de un escepticismo refinado e irónico en todo lo que atañe a los seudomisticismos, al esoterismo, a las mistagogías y al neoespiritualismo. No admite el milagro. Porque dice que Dios elige siempre una vía natural, científica, en sus manifestaciones y revelaciones. Son los escépticos y seudoescépticos los que creen en los milagros; o sea, todos los que están desconectados de la realidad (este comentario es mío).

Tal vez sea el cristianismo la única religión que haya disociado la fe del milagro. En él sólo se distinguen dos grandes milagros: Cristo y la permanencia del cristianismo.

Veraneo en Darjeeling

...En Darjeeling, todos los caminos llevan al Jardín Botánico. Éste no es más que un terreno cercado, con varias especies vegetales marchitas, bancos y un invernadero cochambroso donde, entre otras cosas, hay geranios.

En general, los jardines botánicos me repugnan más que un herbario. Éste es un instrumento de trabajo, una herramienta de laboratorio, un objeto científicamente conservado para que aún le quede algo de su orgullosa ingenuidad vegetal.

¿Y un jardín botánico? Sólo un siglo estúpido como el XIX (que hunde sus raíces en el de las emancipaciones, alimentado por supersticiones y por una mitología timorata) podía concebir una monstruosidad semejante. El jardín en sí mismo no es ninguna monstruosidad. Sus pecadillos decorativos no provocan ni justifican que uno se revuelva contra él. Lo bárbaro es la significación del jardín botánico, la idea que los modernos se forjan de él, la valoración de las plantas por la botánica, es decir, por la ciencia. Y, como las cosas nos afectan no por sí mismas sino por su significación, he ahí por qué me repugnan esos jardines. Por expresar *grosso modo* una serie de pensamientos que no es cosa de consignar aquí: me irrita la actitud, que también se encuentra en otras manifestaciones modernas, de *reconstruir la naturaleza*. Contacto directo con la naturaleza y, por tanto, el poder de fecundarla, sólo lo tienen Dios (que la ha creado) y los animales (que son parte integrante de ella). El hombre pertenece a un reino distinto.

Además, aquí, el jardín botánico no es ni hermoso ni majestuoso. Es un simple rincón de ese inmenso parque que atraviesa Darjeeling y baja hasta el valle por escaleras de piedra.

※

Asentado sobre colinas, en terrazas excavadas en pleno monte, Darjeeling obliga a uno a tener que hacer una excursión para comprar el periódico, cerillas o fruta. Su nombre significa «la ciudad del rayo» pero yo la llamaría, al igual que a Bangalore, en la India meridional, «la ciudad de los jardines». Excepción hecha de la plaza y de los cuarteles, las flores lo inundan todo. Las amapolas son aquí muy altas y de un rojo sangre y crecen junto a otras flores que no conozco de hoja dentellada, de color naranja y que despiden el perfume penetrante de los aromas asiáticos. La bruma que baja de las cumbres es tan densa que se ha vuelto tan familiar y molesta como el humo. Cuando Darjeeling se cubre de bruma, los visitantes se refugian en las terrazas de las villas o de los hoteles. Resulta aventurado caminar por esas calles adoquinadas y escarpadas, calles que suben y bajan como si fueran las escaleras de un edificio bárbaro.

La bruma y la lluvia han dado origen a una extraña costumbre. La gente no sale de casa sin una trinchera, paraguas y gafas de sol. Si en el hotel *Mount Everest* el cielo está despejado, abajo, en el casco viejo o en el campo deportivo, hay niebla. Y hasta llegar allí puede que llueva un par de veces. A los que más afecta es a los que juegan al tenis, porque se ven obligados a suspender el partido y a recoger la red y esperar echando pestes el momento de reanudarlo.

Espectáculo grotesco y reconfortante para un misántropo: hombres con paraguas y con impermeables. Los paraguas son *made in England*, grandes, negros e imposibles.

Veraneo en Darjeeling

12 de mayo

…Mercado dominical. Para un amante de los tipos y curiosidades del Asia central, el mercado de Darjeeling es un comienzo y una tentación. Por la noche ya se montan tiendas de campaña y barracas. La mayoría de los mercaderes son de Bután, de Sikkim o bengalíes. Este domingo sólo he reconocido a un individuo proveniente de Assam. Se reúnen compradores y vendedores lepchas, paharias, cachemires y limbus.

Los butaneses y sikkimeses venden legumbres, harina, ropa, sal y fruta. Para ser exactos, las mujeres butanesas y sikkimesas… Todavía no las distingo muy bien. Pero las de Bután son de una rara belleza. El óvalo de la cara se estrecha de modo inverosímil en la barbilla, lo que les confiere el perfil seductor de las figurillas japonesas y de las muñecas de porcelana. Los ojos brillan en unas órbitas estrechas, y eso las distingue fácilmente de las indias, que tienen la mirada lánguida de ojos de buey (el epíteto es un elogio poético precioso y sorprendentemente justo).

Cuanto más me acerco al corazón de Asia, más la quiero. Prefiero el Rajastán a Hyderabad y Cachemira a Bengala. Las mujeres de los confines del Himalaya tienen la proporción menuda de las mediterráneas y sus movimientos son más ágiles. Su vestimenta no es hermosa pero tiene un aire indescriptible, acrecentado por los brazaletes de oro macizo, por las alhajas de fina hechura, de zarcillos tan grandes como platos, de alitas de oro clavadas en la nariz. Cuando una mujer ríe, la blancura de los dientes bajo el oro de las joyas produce una extraña sensación, como si de pronto se estuviera en presencia de un ídolo. Cuanto más contemplo las estatuas e imágenes asiáticas, más grotescos e íntimos me parecen los adornos e indumentaria de las mujeres.

Es una verdad de perogrullo recordar que los ingleses quieren sentirse *at home* en todas las latitudes. Me pregunto si el hastío de estos isleños que recorren el globo buscando sensaciones inéditas no será, en cierto sentido, una leyenda. Sea como fuere, los ingleses que viven prolongadamente en un entorno «salvaje» no ahorran esfuerzo alguno para metamorfosear su hábitat haciendo de él un rincón de Inglaterra.

Darjeeling es la residencia estival del gobernador de la India. Eso dice mucho. Hay canchas de tenis, salones de baile y cines. Si no fuera por el personal de servicio vestido según la costumbre local, los hoteles parecerían europeos; es decir, tan feos como en Europa. Los «civilizados», con la sensibilidad opaca del símbolo y del ritmo interior proyectado en el medio, se sienten bien en el Himalaya porque se sienten *at home*.

Puede que no sea yo el único en sufrir la barbarie de Darjeeling. Pero no por ello ésta deja de tener su encanto. Y tiene una gran cualidad: que en media hora se libra uno de ella y se sumerge en la jungla.

Además, resulta significativo que no haya conocido ni haya oído hablar hasta ahora de ningún veraneante que haya visitado Sikkim o que haya manifestado su intención de hacerlo. Y eso que está aquí al lado. Y los caminos, que yo sepa, no son como para asustar a nadie.

Aún no he estado en el inevitable *garden party* que la familia y los íntimos del gobernador celebran semanalmente con fines benéficos. Darjeeling está conmemorando estos días el primer centenario de su descubrimiento.

Hay una plétora de visitantes. Casi todos se van al centro que, como todos los centros artificiales, resulta odioso.

Para un europeo, el veraneo en Darjeeling tiene dos ventajas: veranear y estar en Darjeeling. Decir que se ha pasado un mes en «la ciudad del rayo» equivale a un timbre de gloria. Es más que decir en Bucarest que se ha pasado el verano en Suiza. Siempre consideré Darjeeling como un punto de partida inestimable por su posición privilegiada y no por la vida cómoda y cara (aristocrática) que ofrece. En realidad, se le considera un límite que encierra dentro de sí todos los superlativos y resulta imposible de superar. (Por otra parte, eso es una verdad aplicable a cualquier centro de veraneo. La civilización unifica.)

No me repugna Europa, realidad soberbia e inmortal, sino el estúpido proselitismo de los europeos. Y así, en Europa se recela de Asia y se la detesta no por su propia sustancia, sino por la propaganda de los seudomistagogos.

*

He conocido a una docena de veraneantes. Divertida mezcla de habituales de los hoteles cosmopolitas y de simples familias de granjeros que se sienten cohibidos y tímidos. Buena parte de ellos se dedican a cultivar el té de la comarca de Darjeeling y se han enriquecido por la caída del precio del té cingalés. Sólo se encuentran a sus anchas cuando van a caballo a la Colina del Tigre. Es fácil reconocerlos con sus grandes sombreros, su larga fusta y la pipa. Reconfortante espectáculo si lo comparamos con el de los grupos de jinetes de lujo que, tiesos y emocionados, atraviesan tres veces la ciudad de punta en blanco antes de dirigirse a las colinas.

Los caballos son pequeños y mansos y llevan a los niños en una silla con balcón o enormes fardos. Suben sin resollar y siempre que el camino se estrecha peligrosamente, más vale cerrar los ojos y dejarse llevar por el instinto seguro y el paso preciso de la cabalgadura.

Me he hecho amigo del doctor De, inspector del sanatorio, y de un tibetano viejo que acompañó a *sir* Jagadis Bose en todas sus expediciones botánicas por el Himalaya. El tibetano vive en Darjeeling desde hace veinticinco años y sirvió al comisario de la expedición inglesa al Tíbet en 1904. Sabe mucho pero cuenta poco. Lleva gafas modernas y habla todos los dialectos de la India septentrional. Anoche, seducido por mi cortesía y mis cigarrillos, me contó la aplastante derrota de los tibetanos en 1904, en la ladera de una montaña con fuentes termales. Un tibetano fanático mató al ayudante del comandante de la expedición; también mató al caballo del general. Entonces, los ingleses abrieron fuego. Los tibetanos se dieron a la fuga y si hubiese continuado el fuego no hubiese quedado ni uno vivo. A continuación, se celebró la famosa conferencia entre China, Inglaterra y el Tíbet en Simla, cuyo resultado fue el establecimiento de un puesto permanente inglés (de protección) en Lhasa.

La India

13 de mayo

Es verdad, Darjeeling es la ciudad de los rayos. Anoche me convencí. Tenía tanto frío que tiritaba bajo dos mantas de lana. Tenía que calentar el agua para lavarme. El té se helaba en el vaso. Mi única alegría era no haberme marchado a Kalimpong. Habría pasado la noche en un *bungalow*, calado hasta los huesos y muerto de hambre.

No lamento el espectáculo de los relámpagos sobre las montañas. Adentrarse en el Himalaya acarrea inevitablemente una tarde o una noche de tormenta.

Cada vez pienso más en el Kinchinjanga.

En la colina del Tigre

Ghum, 13 de mayo

...El camino sube hasta los 7000 pies. He pasado la mañana recogiendo hierbas: magnolias, orquídeas, laurel, rododendros y líquenes. No iba solo. Me acompañaba mi nuevo amigo, médico en Nagpur y botánico nato.

—*Well* —dijo el doctor—. La India sólo es interesante por su flora y particularmente, por las criptógamas. La India sin líquenes sería un país salvaje, carente del menor interés y valor científico.

—Sí, pero ¿y la cultura? —repliqué.

—*Oh, my goodness!* ¡Cultura en la jungla! ¿Cómo pueden ser cultos unos hombres que creen en la migración de las almas? En, ¿cómo se llama eso?, ¿en la metempsicosis?

—Pues Pitágoras también creía —le digo yo provocador.

—Por eso está equivocada la tabla de multiplicar. ¿No ha observado usted lo aproximada que es la multiplicación del 9 x 3 y por sí mismo?

—No —le confesé con toda candidez.

—*Of course*, para eso es necesario tener ojo de botánico. La botánica es la única ciencia que tiene sentido por sí misma; aquí la botánica no sirve para nada práctico, la botánica propiamente dicha, claro, la de los líquenes. El resto es arboricultura, agricultura, horticultura y, probablemente, puericultura.

—¿?

—Los líquenes son el fenómeno más interesante de la India. Luego, lo considero al Himalaya. En tercer lugar, el monzón. *That's all*. El resto, pagodas, templos, *everything*..., salvajes y endemoniados...

El camino era escarpado y el diálogo era interrumpido por largos silencios. No intento reproducirlo en su integridad (tampoco valdría la pena). Sin embargo, quiero destacar algunas máximas y observaciones del doctor sobre los líquenes, la India y la vida. Forman parte de una larga colección de frases y credos, todavía inédita, que abarca miles de actitudes y de exclamaciones y que se enriquece a medida que voy conociendo a más gente.

«El paraíso está en el Jardín Botánico de Java».

«El jardín más hermoso es un invernadero y el invernadero más perfecto un juego de laminillas de microscopio».

«La encina es interesante por los parásitos criptogámicos».

«Una planta es interesante sólo cuando muere».

«El hombre es una planta emancipada, más el sistema circulatorio».

«La India es un jardín botánico mal cuidado».

«La existencia se resume en poros y raíces».

«La India ha producido al más grande de los botánicos: Mahavina (siglo VI antes de Cristo), el fundador del jainisismo. Mahavina prohibió consumir verduras. El segundo gran indio es *sir* Jagadis Bose, el botánico. Buda fue, sin duda ninguna, un truhán».

«Cuando los sabios consigan transformar las plantas, la botánica se convertirá en teología».

«La química es una seudociencia porque ha producido la guerra química».

«La guerra es atroz pero en las colonias es civilización».

«La India, sin la dominación británica, no habría llegado a destacar tanto en botánica».

«Si los ingleses no dominaran la India, los indios se consumirían en guerras intestinas. Las comunicaciones científicas se interrumpirían. La India moderna es una creación de Inglaterra, como la India antigua fue una creación de Grecia. Antes de Alejandro no existía una India propiamente dicha».

«El futuro de la India está en las plantaciones de té».

«Toda plantación es enemiga de la botánica porque destruye los parásitos».

En la colina del Tigre

Evidentemente, los dichos del doctor sólo pueden tomarse como destellos de un humor incontenible y vivo. De lo contrario, sería ocioso recogerlos en este diario.

*

Llegamos cargados de plantas hasta la ribera del lago de montaña. Por la carretera no nos habría llevado más de media hora. Hemos tardado cuatro horas subiendo repechos y bajando a todas las cuevas. El doctor cambia su herbario himalayano cada dos años. Busca ejemplares magníficos y le interesan sobremanera las raíces. «Si la primera planta hubiese renunciado a las raíces», bromea, «habría llegado a ser hombre. El camino del hombre a Dios se efectuará suprimiendo las piernas. Todo se hará con los brazos, aun a riesgo de convertirse en mariposa».

Nos paramos a descansar a orillas del lago. Hace frío, se está levantando la niebla. Los ribazos están cimentados, el agua es transparente. Aquí se canaliza el agua que abastece Darjeeling. En medio del bosque, en la cima del monte, el lago parece un prodigio. Le comunico al doctor mi entusiasmo. Su mirada no oculta su desdén.

–Un lago sin nenúfares, sin plantas... Un simulacro de lago, un seudolago. ¿Por qué lo llamamos lago? Una bañera nada más. Una bañera de hormigón. Seguro que los chiquillos de Ghum se bañan aquí y nosotros, en Darjeeling, nos bebemos el agua... Bueno, eso usted, porque yo hace quince años que bebo agua de seltz...

Nos apresuramos a bajar. Del valle está subiendo una espesa niebla. El doctor baja sin hablar, pensativo y cabizbajo.

Hacemos noche en Ghum para, mañana muy temprano, salir para la Colina del Tigre, a contemplar el Everest a la salida del sol.

En la Colina del Tigre, 14 de mayo

...Todo viajero tiene, al menos, una preferencia y una antipatía. A menudo, ambas las inspiran los libros, sean de geografía o novelas sentimentales. Pensemos en la cantidad de adolescentes que están enamorados de Nápoles y pensemos en el conocido adagio que lo motiva.

En lo que a mí respecta, el Everest siempre fue el centro de mis antipatías geográficas. Desde que leí la primera descripción, siempre me incliné por el Kinchinjanga. Evidentemente, pueden hallarse motivos, pero el fundamento de la elección es puro capricho, lirismo, fraude gratuito. Al Everest lo han fotografiado demasiado, no hay revista de divulgación científica que no lo saque.

...Eso no significa que no estuviera impaciente por verlo. Por la noche no dormí bien. Hacía frío y el doctor polemizaba en sueños. A las tres de la mañana, el sirviente butanés nos llamó. No teníamos tiempo para tomar el té. Tiritaba de frío y de emoción. La emoción de lo desconocido. Partíamos en plena noche, al Himalaya, dos extranjeros en busca de lo desconocido... Esa inexplicable turbación que preludia las partidas de madrugada, esos viajes que la víspera nos robaron el sueño.

En el patio nos esperaban los caballos y su dueño, un tibetano hosco y tranquilo que fumaba un cigarrillo sin tocarlo con los labios.

Y, acto seguido, el camino. Subíamos por un accidentado sendero flanqueado de árboles y arbustos que se sacudían el rocío. Vislumbrábamos anchas sombras de montañas, adivinábamos cumbres nevadas allí donde una luz blanquecina empezaba a apuntar. Silencio. Ese silencio sin igual del Himalaya. El eco de los cascos de los caballos se apagaba, desaparecía como una china en el mar.

Llegamos a una explanada un cuarto de hora antes del amanecer. El cielo despejado, inusualmente blanco. Valles interminables, retorcidos, negros. Los bosques trepaban como el musgo en la roca. Se nos unieron dos grupos más que habían venido directamente desde Darjeeling. Me llamó la atención una *miss* morena que estaba emocionadísima. El clima del Himalaya es tan inseguro y tornadizo que raras veces permite contemplar las cumbres.

Nosotros, impacientes, las buscábamos esperando la salida del sol. Crestas blancas a derecha e izquierda. Pero, sobre una cima boscosa que teníamos delante, en dirección al Nepal, un pico helado atrajo bruscamente nuestra mirada. El guía nos lo confirmó:

era el Everest. Una mancha blanca, clara, lejana. Resulta milagroso verlo desde aquí, a ciento cuarenta millas. Miramos y miramos y la mancha reluciendo al sol, presente e inaccesible, pura como las nieves del Nepal, alta y resignada, sola y vieja, en el silencio de ese soliloquio inhumano que se teje desde el origen del tiempo.

La revelación se desvaneció, indiferente, envuelta en la bruma. Roto el hechizo, volvemos a nuestra realidad, estamos aquí, en la explanada.

La Colina del Tigre... Sólo me gusta el nombre. Lugar abierto y cómodo, erigido como un frente de hierba y piedra.

El doctor erre que erre con sus hierbas. Las señoritas preparan el té y sirven pastas de unas cajas que abren con dificultad. Terminan con el inevitable intercambio de direcciones y hablando de tenis. El doctor continúa con sus paradojas botánicas. Los pensamientos de cada uno se vuelven vulgares y rutinarios como una comida.

Cuando nos íbamos, el doctor me susurra:

—En esta colina jamás ha habido un tigre.

Funerales en Lebong

Lebong, 18 de mayo

...Hace dos días que soy huésped de un acomodado plantador de té. La casa está situada sobre un promontorio rocoso, encima de la carretera. Vista desde abajo, parece un castillo extraño, sin almenas ni estrategia. Las ventanas son paredes, los balcones terrazas, el jardín parque. Todos los caminos y senderos de las montañas convergen en la entrada de la casa.

Desde la habitación de los huéspedes, por las mañanas, las nieves del Himalaya se ven con una insólita transparencia. La visión no dura mucho más de una hora.

La aurora viene acompañada de niebla. El cielo se despeja, el sol caldea los arbustos de té pero las cumbres permanecen entre la niebla. Durante el día, es raro poder ver los hielos y las nieves.

Estamos sólo a cinco millas al norte de Darjeeling; pero el panorama es completamente distinto. Las laderas plantadas de té tienen un aspecto sorprendente. Diríase que son bosques de rododendros sin flor que se extienden casi hasta el valle. Desde la azotea de la casa, los valles parecen barrancos y los trabajadores con sus cestos, miniaturas.

La casa casi siempre está desierta. El plantador se va de madrugada a caballo, con la fusta, con salacot y con un impermeable. Lo veo a la hora del *breakfast*, de buen humor aunque con prisas. En seguida se va otra vez. Los hijos tienen un *poney* cada uno y un criado adolescente. Galopan por la alameda principal con el sirviente corriendo detrás, agarrado a la cola del caballo. No se cansan ni se enfadan cuando llueve. Continúan su cabalgada bajo la lluvia y el criado resopla ruidosamente y se limpia las narices sin pararse.

    El primer día no bajé. Me sentía muy a gusto. Esta villa de arquitectura europea al borde de la jungla y en lo alto de una roca cortada a pico, transformaba la vida en un arcano asiático o en una película. Aquella tarde llovió. Uno de esos chaparrones de montaña, con niebla cálida y sin viento. Me quedé solo con el teniente Potter, jefe de la guarnición de Lebong. La biblioteca era muy grande pero tenía pocos libros. Estuvimos consultando juntos el mapa de Sikkim y las posibilidades de pasar la frontera por Tonglu. Lo cierto es que la policía de Darjeeling no me permite ir solo y hasta el momento no he encontrado compañeros para hacer un viaje de tres semanas, a una altura nunca inferior a los 10.000 pies.

    Terminamos de fumar en el parque los puros de tabaco birmano. No sé por qué, junto a la violenta alegría de ver la luna rompiendo las nubes, tenía una extraña sensación que aceleraba los latidos de mi corazón. La casa rebosaba de luz con sus sesenta bombillas. Y, mientras escuchábamos, cada uno sumido en sus propios pensamientos, la vida de la jungla, presente a través de la respiración de las hojas o del reptar de las serpientes, la casa se alzaba vacía, ajena, fría y hermosa como una joya.

    Desde Lebong a las cumbres, el camino discurre por el bosque. El sendero se abre paso a través de una vegetación rebosante de savia, con troncos ahuecados, raíces aéreas y helechos gigantes. Los arbustos se entretejen como formando una pared, las flores se vuelven hacia la luz, el musgo crece formando una mullida alfombra amarillenta, los bejucos cuelgan por todas partes, verdes, azulados, transparentes como una tela de araña o gruesos, nudosos y rugosos, con yemas como abejorros, con zarcillos elásticos, y donde se mezclan el polvo, el barro y el rocío y que sirven de refugio a nidos, larvas, mariposas adormecidas y polillas.

    Lo que más me gusta, con mucho, es una especie de helecho de larguísimas ramificaciones, tan alto como un arbusto y que cubre las rocas como si fuera una colgadura. Esos helechos amarillentos

Funerales en Lebong

presentan un aspecto de flora geológica en flagrante contraste con las rosas trepadoras de montaña que llevan las umbelas semejantes a las flores de cera.

Los lagartos bullen por doquier. Del tamaño de un gorrión, de color marrón, de patas largas y cola corta, trepan por los árboles y se camuflan como un camaleón.

Las serpientes se encuentran principalmente en los valles. He visto una madriguera junto a una roca al sol, pero estaba demasiado lejos para distinguir si eran o no venenosas y tampoco traté de averiguarlo. Sé lo bastante sobre algunas serpientes de la jungla, conque lo mejor es ser prudente.

*

Visita a un nuevo monasterio budista, con inscripciones tibetanas junto a otras en inglés, con luz eléctrica y pobres remedos de los frescos de Lhasa y Giantse. Algunos de los cuadros los han hecho en papel de dibujo, como las acuarelas. Lo único que valía la pena de ver eran las estatuillas en cobre y bronce que representaban a Buda, a Lakshmi y a Shiva. El monasterio, como todos los monasterios tibetanos, no seguía una observancia estricta de las reglas del budismo como en Ceilán y el Japón. Se trata más bien de lamanismo, una horrible mezcla de budismo mahayánico, de animismo, de demonismo tibetano y de influencias mongolas.

El monasterio, que no tenía más de 800 años, tenía por guardián a un joven monje vestido con una túnica blanca que le daba el aspecto de un misionero católico. Bastante ignorante, no sabía otra cosa que el papel que incumbía a los dioses del santuario y no entendía el pali, la lengua de los textos canónicos.

Me fui del monasterio irritado y decepcionado. Para ir a Darjeeling tomé el camino que pasaba por Lebong, una aldea de montaña. Las casas eran europeas e indias, las calles tenían alcantarillado y las fuentes eran modernas y funcionaban bien. A pesar de ello, Lebong tiene un marcado carácter asiático, himalayano. Las calles son accidentadas, con escalones de piedra blanca. Los faroles de las casas tenían un aire misterioso. Las mujeres iban a acarrear agua, pese a las fuentes mecánicas, vestían chales y parecían un puñado de moras sacadas de un cuadro del siglo pasado.

Y mi camino, aunque distaba unas pocas millas de Darjeeling, tenía todo el peligro y toda la tentación de un camino fronterizo asiático. Ya desde el patio del monasterio, había oído los gritos y las detonaciones, la algazara y la música características de un entierro tibetano que estaba celebrándose en el pueblo. La gente se hallaba en torno a un altar budista iluminado con antorchas y velas. Los oficiantes pertenecían a la secta roja del lamanismo. Desde la azotea de una casa seguí la ceremonia desde la hora del crepúsculo hasta que se hizo de noche.

Tres hombres vestidos con ropajes color púrpura, con sombreros cónicos, puntiagudos, rojos, leían velozmente, con extraña entonación, un manuscrito tibetano. Eran letanías para el alma del muerto. Frases que, por la rapidez de la lectura cantada, se transformaban en simples sonidos guturales, grupos consonánticos entrecortados por acompañamientos vocálicos. A veces, la lectura se condensaba en gritos. Probablemente, eso era una señal, porque los que había al lado hacían sonar sus trompetas, flautas, tambores y cencerros.

El sacerdote revestido con ropas doradas, tocado con el mismo sombrero que parecía un cono y le daba aspecto de mago, se ponía a reír y a gritar. Un auxiliar, con los brazos desnudos, gritaba en medio de una danza grotesca, blandiendo una espada. Al propio tiempo, otro disparaba con una vieja escopeta, parecida a las de Afganistán. Las risas sonaban a falso y toda esa barahúnda parecía demoniaca. El ancho rostro del sacerdote estaba surcado de arrugas, tenía una sonrisa diabólica y los ojos le brillaban con maliciosa alegría.

Seguidamente, los tres se pusieron a leer en coro mientras los otros se calmaban.

Durante la zarabanda, el hombre de la espada golpeaba un arbusto envuelto en paja y hierba. Seguramente, eso simbolizaba el cuerpo del difunto, que se destruye para liberar al alma y que pueda llegar al paraíso de Avalokitesvara. Tras repetirse varias veces ese ritual, el sacerdote encendió unas velas y, cuando empezó otra zarabanda, prendió fuego al arbusto. La música, las detonaciones, las risas, los chillidos, la danza y los gestos ahora cobraron proporciones de aquelarre. A la luz de las llamas, el grupo de oficiantes con vestiduras rojas parecían espíritus de una pesadilla primitiva. Los rostros tenían reflejos dilatados y demoniacos. Un entusiasmo abracadabrante y grotesco animaba a todo ese grupo de gente que celebraba el tránsito vital del dichoso tibetano. En seguida, la falsa risa del principio se convirtió en sincera. Reían y gritaban girando desordenadamente alrededor de la hoguera, regocijándose ante el milagro de la muerte y por el pago que les darían por asistir a la ceremonia.

Miré con mucha atención la cara del sacerdote. Jamás había visto tan perfectamente realizada la expresión de la risa sardónica. Ese hombre parecía un loco inteligente. A veces, la sonrisa crispada de su ancho rostro testimoniaba una ironía profunda e inhumana.

Junto a los funerales de Lebong, la ceremonia brahmánica a la que asistí en Calcuta, con ofrendas florales y con aceites consagrados al fuego, parece de una tranquilidad celestial y de una inocente complicación.

En un monasterio. Zok-chen-pa

Ghum, 25 de mayo

…En Ghum, por la tarde, siempre hay niebla. La aldea es butanesa, las mujeres guapas y nadie entiende ni jota de inglés. Eso implica que hay que traerse un guía de Darjeeling; uno de esos guías asiáticos que se dedican a conducir expediciones al Himalaya, se encargan de contratar *coolies* y asumen la responsabilidad de la seguridad del viajero en Sikkim, y otras veces hacen de *bearers* y de servidores particulares en los hoteles.

Yo me fui sin guía pero tuve que hacerme con uno sobre la marcha para poder encontrar el monasterio. Es el mayor de todo el distrito de Darjeeling y, por lo tanto, de toda Bengala. Ya estando en Ceilán había oído hablar de él, cuando un compañero budista me dio las primeras indicaciones prácticas sobre las lamerías del Himalaya oriental.

Pasamos por una aldea butanesa. Niños que por instinto se van detrás de todo extranjero que pasa, callejas increíblemente tortuosas, mercaderes con tiendas que más parecen tenderetes, mujeres dándole a la lengua, la calle con un reguero de aguas sucias que tiran desde los patios, tibetanos con trenzas negras y pringosas, con botas floreadas y bigotes a la húngara, *coolies* acarreando cestos de pimientos, plátanos, jabón y patatas. Olor de candil y olores asiáticos. Las chicas llevan los mismos pendientes grandes de oro y las mismas alitas en la nariz. Collares sorprendentemente gruesos, cortos y dorados. Indumentaria de colores pálidos, con chales azulados envolviéndoles la cabeza.

El camino discurre entre la niebla, hacia una meseta cercana y desconocida.. La loma por donde pasa el sendero parece un flanco de montaña. A la izquierda del camino, un barranco en el que la masa verde de la vegetación himalayana tapa sendas y rocas.

Adivino la proximidad del monasterio por las oriflamas tibetanas; largas pértigas con un papel velloso o trozos de tela en donde hay escritas oraciones, conjuros, maleficios e imprecaciones. En medio de la niebla, el bosque de oriflamas parecía la visión de un mar de coral o la barba y las uñas de ese fantasma chino que provoca las tormentas.

Llegamos. El templo se encuentra en un emplazamiento privilegiado. La estructura de los templos budistas, con su alero ancho y recto, dos ventanas a izquierda y derecha de la entrada. Al lado, una casita cerrada donde se conservan reliquias y vasijas sagradas. Luego, los aposentos de los monjes, oscuros, tristes y fríos, a los que se llega por una escalera de madera.

Encuentro muy pocos monjes. Los demás, según la costumbre budista, están por los alrededores, recorriendo las aldeas, buscando la soledad, recogiendo limosnas y asistiendo a los fieles en momentos de infortunio.

Son monjes de la *secta roja* (*Zok-chen-pa*), llevan hábitos rojos y veneran a un Dalai Lama total y absolutamente en rojo... La *secta roja* no es solamente un nombre ni se la conoce sólo por una indumentaria. A ella se ligan páginas gloriosas de la vida religiosa del Tíbet. Sus artistas crearon las maravillas de colores del Iluminado en los cielos. Tampoco la magia de la secta roja es completamente salvaje, como enseñan en las universidades, ni el símbolo de su vestimenta es primario y supersticioso.

...La primera conversación se entabla por medio de intérpretes, con un tibetano ceñudo e incrédulo pero que me proporciona toda la información que le pido sobre ciertos aspectos del ritual, detalles puramente técnicos que no procede incluir en estas páginas.

En la estrecha galería que hay delante del templo, hay unas velas encendidas. El templo está iluminado por ventanas y lámparas de aceite. Sin duda ninguna, es uno de los templos más hermosos de la secta roja, aunque no sea grandioso. Se necesitan horas para admirar sus maravillas: pinturas murales, estatuas de bronce de fina hechura o la biblioteca.

Lo primero que llama la atención es una gigantesca estatua de Gautama Buda que, incluyendo el zócalo, mide cinco metros. Buda está representado en la conocida postura que tenía bajo el árbol de la iluminación. Cara redonda, ojos alargados hacia las sienes, los labios esbozando una sonrisa de escultura gandárica. Lleva una corona, como los soberanos terrenales, porque los fieles expresan en categorías suyas lo que los santos expresan con el silencio. Está sobriamente vestido con bandas de seda, adornadas de guirnaldas y ramos de flores artificiales.

En torno a la enorme estatua, innumerables estatuillas de Tara, la diosa favorita del budismo, e imágenes de las divinidades del panteón mahayánico, creado por la efervescencia de la devoción popular, alimentado por los ríos del hinduismo báctico, desfigurado por la intrusión de elementos transhimalayanos. Los rostros de bronce me hacen revivir la historia del budismo en la India, degenerado y corregido, traducido e incomprendido, caído del cielo «de la ley de las doce causas», con las negativas implicaciones de una metafísica anquilosada en el valle cálido y cambiante de la religiosidad. Una revisión, desde los Discursos de Buda a Lalita Vistara; y, después, pasé y olvidé. Quizá la contemplación del panteón mahayánico no estuvo exenta de melancolía. Pero tengo por costumbre no mirar atrás y no entristecerme.

...A la derecha, en una biblioteca con estantes largos y bajos, se encuentra el *Kanjur*, enciclopedia religiosa de ciento ocho volúmenes, que comprende más de mil libros traducidos del *Tripitaka* budista[36].

---

36. Triple conjunto de obras canónicas budistas cuya compilación data de los albores de la era cristiana, si bien procede de una tradición oral muy anterior que se remonta al mismo Buda. Su lengua es el pali, una modalidad del prácrito. Nótese que mientras los textos religiosos hindúes están escritos en una lengua muerta restringida a unos pocos, el sánscrito, el budismo, llevado por su afán proselitista, se sirve de una lengua popular (prácrito significa 'lengua de todos'). [*Nota del traductor.*]

A la izquierda, en una biblioteca mayor, el *Tanjur*, en doscientos volúmenes, integrado por los comentarios metafísicos, lógicos, libros de alquimia y de magia, textos de los santos tibetanos, de los filósofos mahayánicos, especialmente de Nagarjuna, y tratados *prajnaparamita*.

Me parece que es la edición en madera de Lhasa, hecha en bandas estrechas, volantes, guardadas entre dos tapaderas y enrolladas con un cordón.

Pero, como en cualquier gran monasterio, también se encuentran innumerables manuscritos. Pude ver una excelente página de la traducción tibetana del *Bhagavad-Gita*[37], escrita con tinta dorada sobre pergamino. Luego, estuve hojeando un tomo enorme que contiene la historia popular de Buda escrita hace cuatro siglos con caligrafía perfecta, con caprichosos adornos entre las líneas. Otro manuscrito, traducido del nepalí, contenía miniaturas de colores, fascinantes, como todas las miniaturas de manuscrito original, y mi alma de coleccionista sin suerte se resintió cuando tuve que dejarlo, piadosamente, en su sitio. También había varios manuscritos nepalíes y otros más escritos en devanagari, *ancient style*. A lo mejor, nadie sabía leerlos.

En el estante de debajo de los dioses, hay *stupas* de oro, la imagen de los monumentos que los budistas erigían sobre los restos de los primeros predicadores. Labrados con incomparable finura y gran cantidad de oro macizo. Igualmente, las representaciones de la diosa Tara minuciosamente trabajadas en los lados del pedestal, así como en las entalladuras filiformes de la aureola que constituye una especie de telón de fondo.

La sorpresa fueron las pinturas murales. Con ayuda de las explicaciones de un lama ceñudo y de un novicio que esperaba una buena propina, descifré dos paredes; pude así rememorar muchas escenas de la vida de Srong Tsan-Gan-Po, y me enteré de otros nombres y hechos de *gurús* (maestros); recapitulé la existencia sin

---

37. Poema teosófico-novelesco integrante del *Mahabharata* que se ocupa de la vida y hazañas de Krishna, octava reencarnación de Vishnú. Significa 'el canto excelente'. [*Nota del traductor.*]

En un monasterio. Zok-chen-pa

par de Milarepa, el poeta criminal, el mago, el eremita por quien guardo una vieja pasión.

Hay una escena central auténticamente insuperable que representa a Milarepa en las montañas con un nimbo púrpura, sentado con las piernas cruzadas, en postura de meditación, con la mano en la oreja derecha, doblándola, y que simboliza que está escuchando e interpretando los sonidos «inaudibles» de la naturaleza. Los que sepan algo de la teoría y de la magia del sonido, algo sobre los *mantra*, entenderán que el símbolo tan evidentemente representado en la posición del mago que llegó hasta el crimen precisamente mediante el ejercicio del *mantra*, es una justificación y una preciosa verificación.

El lama que me acompaña no es ni tonto ni inculto; pero nuestro intérprete, cuya traducción era muy burda, se liaba inocentemente. Por otra parte, como mis preguntas insistían sobre el tantrismo, tampoco creo que me habría enterado de mucho. Habría tenido la misma respuesta y la misma invitación: «Las cosas no se dicen a los cuatro vientos; el que quiera saber, que se quede quince años con nosotros». Ese es un *leit motiv* que no proclaman ni van gritando por ahí. Es una simple incitación a la meditación o a la comparación con el «esoterismo indio» de la teosofía europea que poseen sociedades y tesoreros, organiza conferencias, hace proselitismo y publica libros en cien lenguas, todo ello para comunicar la verdad «esotérica».

El lama se queda impresionado por mi celo y halagado por mis conocimientos. Me regala una fruslería, un cuadro que representa a Buda en un cielo azul. Tal vez lo hiciera para «reunir méritos». O quizá él también pecara al emocionarse ante este extranjero venido de tierras lejanas para conocer los escritos del Iluminado. Pecó contra la *indiferencia*. La indiferencia, el distanciamiento sereno de las cosas, del fruto de la acción, ese don genial de Asia, comparado con el cual el espíritu olímpico parece teatral y engreído.

...Está oscureciendo muchísimo. Las lámparas arden como candiles en la niebla. A duras penas encontramos el camino y bajamos emocionados. Otra vez la sensación de aislamiento, de estar dejados de la mano de Dios, de soledad y de agonía. Hace frío,

está oscuro. Empiezo a echar de menos el hotel de Darjeeling. Con el cuadro de Buda debajo el brazo, mi camino parecía un camino entre dos caminos. El catecúmeno sonrió y se excusó:
—*Bacsis!*

Cuando llega el monzón

Jorepoki, 13 de mayo

...Tendría que describir mi caravana y al jefe de expedición de Bhutia Basti. Cuatro *coolies* me llevan el avío para las frías noches de Sikkim, y otros cuatro las provisiones. Más allá de Ghum, hasta Piamianchi, no volveremos a encontrar nada para comprar. Sikkim, ahora, me parece muy lejos, envuelto en una niebla impenetrable. El día de hoy, pasado por agua y con una espesa capa de niebla, por senderos húmedos y pedregosos, me ha matado el entusiasmo. No estoy cansado. Pero me da pena el haber pasado por tantos paisajes sin verlos. Apenas vemos a unos pocos pasos de distancia. Y la lluvia cansaba a los porteadores, apagaba los cigarrillos, obligaba a cerrar los ojos.

¿Llegaremos a ver Sikkim?

El jefe de expedición hace también de cocinero. Me prepara el té a la manera tibetana: con leche, manteca y sal. Ayer lo probé por primera vez en Ghum. Es de color café con leche y sabe a sopa. En el Tíbet, la mayoría de los habitantes toman del orden de cuarenta a cincuenta tazas por día, y no pocos beben hasta setenta. Yo tengo que tomarlo por necesidad pues hace frío y el tiempo es húmedo. Esto es un desierto. De casa no sale nadie. Sólo veré gente en el *bungalow*.

Para poder fumar he debido improvisar una tienda valiéndome de dos impermeables. La tienda propiamente dicha, que dos *coo-

lies se turnan en llevar, está en el suelo, toda empapada, indiferente. Sólo la abriremos cuando hayamos pasado Phallut.

El único paisaje que recuerdo haber visto hoy es una ladera cubierta de bosque y luego otra, y otra más; y arriba del todo, las nubes cubriendo las cumbres. ¡Maldita niebla! Y pensar que un día la elogié... Es cierto que sólo en la niebla siento a los espíritus vegetales, llamados por la agonía de la luz, insuflar vida a la jungla. No se ve más allá de dos pasos. Atrás ni miro. Los abetos abundan y son muy negros y los bejucos muy grandes. Podía oír mi respiración y su profundidad me maravillaba. Un halo rodeaba la llama de la cerilla. Distinguía las olas de bruma que subían desde el valle y eso me proporcionaba la extraña sensación de que allá abajo estaba el principio. ¿Qué principio...?

¿Necesito repetir que, en la jungla, todas las preguntas aplazan su respuesta?

El té esta frío. ¡Guía, guía!, me quejaba yo con tono amenazador. Él entiende muy poco el inglés y yo no hablo mucho indostaní. Pero llevo un diccionario. Y no puedo dejar de sonreír, así empapado y muerto de frío como estoy, al percatarme de lo grotesco de la situación: heme aquí, buscando en el diccionario cómo decirle al guía que quiero el té bien caliente...

...Por la noche. Tormenta y lluvia. Un apocalipsis de rayos, relámpagos y truenos. Me despierto y empiezo a arrepentirme de haber partido.

Tonglu, 1 de junio

Por fin, llegamos a los 11.000 pies de altura. Eso significa que la niebla empieza a bajar. Hace frío y el viento muerde. Y llueve, llueve, llueve...

Cuando hacemos un alto, me dedico a recoger hierbas y he podido comprobar lo bruscamente que cambia la flora.

La lluvia sólo tiene una ventaja: que ahuyenta a las serpientes. He pasado por una región que está infestada. En Europa había oído hablar de unas inyecciones contra las mordeduras de serpiente. Sí que las hay pero el suero pierde eficacia a las dos o tres horas. En otras palabras, para poder escapar de una mordedura venenosa, hay que estar en Calcuta o en Bombay, subir inmediatamente a un taxi y correr al hospital, donde en unos minutos preparan el suero. Eso es todo, pero muy poco, por desgracia.

La segunda ventaja de la lluvia es que hace apurar el paso a los porteadores. Estos *coolies* son imprevisibles y difíciles de manejar. El extranjero que quiera ir a Sikkim tiene que contratar un guía. Éste firma un contrato con la policía de Darjeeling y asume toda la responsabilidad de la expedición. En la oficina sikkimesa de Darjeeling me pusieron un sinfín de trabas por el hecho de ir solo y no conocer bien el indostaní o el nepalí.

Por la tarde. El *bungalow* está limpio y caldeado, es acogedor y no muy caro. Una casa de madera con un guardián que controla el pasaporte y pide el precio por adelantado. Literas de madera sin sábanas ni mantas. Éstas se encuentran en uno de los bultos que transportan los *coolies*. Compro chascas y tarugos para hacer fuego. Estoy solo. Llueve a cántaros. El guía se ha puesto a hervir arroz y yo saco algunas de las exquisiteces que me traje de Darjeeling. Qué lejos se me antoja ahora Darjeeling, con su luz eléctrica y los ingleses...

...El guía me sirve una cena indefinida, pero está caliente. Me la tomo sólo porque está caliente. La vajilla es nueva, de aluminio, y trae a mi memoria otras excursiones de mi adolescencia, cuando dormía en lo alto de algún monte o en la playa, alrededor de una fogata que cuidaban amigos que ahora están esparcidos por los cinco continentes. Tantas cenas alegres, con platos y vasos de aluminio que a la mañana siguiente fregábamos con arena. Y ahora estoy más solo que la una, y llueve que te llueve...

Sandakphu, 2 de junio

¡He visto el Kinchinjanga! ¡He visto el Kinchinjanga! He olvidado todos los contratiempos, toda la lluvia y toda la niebla. Llegué al *bungalow* antes de caer la tarde. Desde la cumbre de la montaña (¡qué hermoso nombre de leyenda!), distinguí sin dificultad, a un montón de kilómetros, toda una serie de viejos glaciares blancos. Pude mirar a placer porque el *bungalow* estaba cerca y el guía había puesto a hervir cinco puñados de arroz.

Les repartí cigarrillos y galletas a los porteadores. Le he hecho al Kinchinjanga seis fotografías, pero como soy novato en ese arte y está atardeciendo, no tengo demasiadas esperanzas.

Por la mañana estuvo lloviendo. Pero el cielo durante la tarde se puso inesperadamente despejado. Se veían con toda claridad los valles y las llanuras verdes plantadas de té. Se veían incluso casas y plantaciones.

Tendría que escribir mucho sobre la jornada de hoy. Tampoco los relatos del guía estaban desprovistos de ingenio. Entendía la mitad de lo que me contaba y la otra la adivinaba. Sí, de ingenio. Este sandalí tiene fama de inventar las fábulas más bonitas de todo el contorno...

...La primera noche tranquila. No hace mucho frío. Puedo caminar por las sendas que hay alrededor del *bungalow*. Estoy solo y aquí la cama es dura, la ropa de cama está húmeda y hay poca lumbre, pero puedo bañarme a gusto, a pesar de las protestas del guía.

Él duerme en la habitación contigua con el guardián. Hablan en voz baja y fuman hasta más de medianoche pues aquí rige otra costumbre. Nunca se sale antes de las ocho de la mañana. No hay peligro de que «te dé el sol en el pecho». De modo que el guía no tiene prisa por irse a dormir. Tampoco yo la tengo. El quinqué está humeando. Las velas llamean. Me duelen los ojos. Como no puedo leer, me pongo a hacer gimnasia. Hay aquí siete literas vacías y una con un cobertor. Me voy dando volteretas de una a otra; y ya se sabe que no hay en el mundo un ejercicio más divertido que ése.

¿Por qué duerme el guía aquí al lado? Ya me lo explicó el médico indio de Darjeeling. Y es que hay tipos espabilados que saben narcotizar a sus amos echándoles unos polvos en el té para luego robarles las rupias. Pero yo guardo el dinero en una maleta. Además, la puerta está cerrada con pestillo. Ni tampoco mi litera está junto a la ventana. El doctor me previno de que no durmiera junto a la ventana; que a todos los viajeros extranjeros que han encontrado muertos en Sikkim, los habían matado de un tiro estando en la cama.

En alguna parte de la jungla, 3 de junio

En ruta a Sabargham...

¿Por qué hemos salido? Estoy escribiendo dentro de la tienda. Llueve, hay niebla. El guía me dice que esto es el monzón, aunque lo esperábamos para dentro de una semana, en Pamionchi.

Ya no veo nada. Los *coolies* murmuran. Me da miedo no vayan a dejar los avíos tirados en medio de la lluvia y se den media vuelta.

...Hace tres horas que estamos esperando. El guía está hablando con los porteadores, emplea un lenguaje duro y amenazador. Pero los *coolies* se mantienen en sus trece. Quieren que volvamos a Sandakphu. Algunos están heridos por las sanguijuelas. Les sangran los pies. Las queman con la punta del cigarrillo y se las arrancan. A menudo estos bichos nos hacen resbalar por el sendero. ¡Y sin parar de llover! Cuando cesa de llover unos minutos, siguen cayendo gotas de los árboles, de los bejucos, de las rocas. ¡Maldito tiempo! «¡Guía, guía!»

Tenemos que regresar a Sandakphu.

*

¿Puedo seguir escribiendo lo que he visto? No tengo la menor idea de dónde me encuentro ahora. Mis pensamientos corren de una punta a otra del mundo y del inicio de mi vida al final, que he visto muy cerca, cerquísima.

Recuerdo una caminata en la jungla, larga como una pesadilla. La bruma me asfixiaba y la lluvia me ahogaba la tos. No pensaba en nada, no esperaba nada, no recordaba nada. Para acortar el camino, bajamos al valle directamente a través de la jungla. Invisibles espinas nos arañaban, hojas grandes nos azotaban y corolas llenas de agua nos calaban. Y nosotros andábamos y andábamos...

Y, de pronto, nos paramos. Yo no sabía por qué pero los otros sí que lo sabían. Había parado de llover pero no era la lluvia lo que me aterraba ahora. Oíamos un ruido raro, sordo, un murmullo. Eran como los pasos de un cortejo de sombras por un tapiz de musgo. ¿Qué demonios significaba eso? «¡Guía, guía!»

Y entonces comprendí el porqué de su terror. Habíamos bajado demasiado, habíamos ido a parar en medio del camino de las sanguijuelas. Las sanguijuelas avanzaban, eran columnas compactas de miles, decenas de miles de bichos.

Yo no las veía. Sólo las oía arrastrarse viscosamente, sólo veía hojas trémulas.

Quien diga que el león, el tigre o la cobra son los animales más temibles de la jungla, no sabe lo que es la jungla cuando se desencadena el monzón. Ésos son unos animales de buen corazón que te matan de repente, mientras que las sanguijuelas... Se acercan, pero no puedes huir. Las ves, pero no las puedes golpear. Si te invade el pánico estás perdido. Porque el hombre asustado huye hacia el valle y allí la agonía es larga, hasta que te dejan sin una gota de sangre.

¡Escucha!... ¡Ay, ojalá pudiera describirlo! ¡Ojalá no hubiera escrito tantas cosas fáciles e imaginarias en mi vida!... Escucha como escuché yo. Primero, se me helaron las orejas, luego la garganta, luego las piernas. ¿Cómo podría reproducir el sonido sordo, fúnebre y frío de esas legiones negras y pegajosas? Algunas se me pegaron y me miraba los dedos manchados de sangre. Quise huir, huir al valle. Pero el guía me salvó.

Subíamos por la pendiente llena de zarzas, bajo la lluvia, con sanguijuelas pegadas en las manos, en el cuerpo, en la cara. Primero me desgarré la camisa para aplastar esa lengua de piel negra que me mordía en la tetilla. Después rompí las hombreras de la camisa, luego los calcetines. Me resbalaba y lloraba, me dislocaba los dedos y me despellejaba las rodillas, los pantalones estaban hechos jirones.

Arriba, en el lugar de dónde habíamos partido, nos salió al encuentro otro ejército de sanguijuelas. Miré despavorido al guía. Y, sin querer, por mi mente desfilaron, entre luces y sombras, retazos de mi vida.

*

¿Qué pasó después y cómo conseguí escapar? No lo sé. La fuga. Huimos como los espíritus, como los espectros. A pesar de los gritos y fustazos del guía, los porteadores dejaron los bultos y huyeron; y nosotros huimos con ellos.

Eso ha sido todo. Hoy, el Himalaya era grande y las sanguijuelas pequeñas, muy pequeñas. Y el hombre las miraba desconcertado y cada uno rezaba y maldecía en su lengua.

Eso ha sido todo.

Monasterios y anacoretas del Himalaya (1930)

1. De Delhi a Hardwar

...Lunes, 29 de septiembre, he llegado a Hardwar. Anoche me fui de Delhi. Atrás quedaba su cielo verde, prodigioso e irreal hendido por una media luna de plata, el alminar de la mezquita Jami-Masjid. Cuando te dispones a subir sus escalones de mármol blanco, cansado de tanto andar y maravillado por la mezquita, el rumor del bazar te incita a quedarte. Mercaderes de estatuillas y vendedores de chales que te agarran del brazo, sus lámparas de acetileno que te ciegan, chiquillos que corren por las escaleras y te empujan, el guía que te suplica: *Sahib! Sahib!* En el portal, un hombre con barba te trae unas babuchas. Jami-Masjid..., la mezquita más famosa de la India; la cúpula más perfecta, alminares con balcones en las cuatro esquinas, pretiles exclusivos para las mujeres y miles de palomas que descansan a la hora del crepúsculo. Levantada sobre el bazar, majestuosa y elegante, mira al Fuerte de Shah Jehan desde la orilla del Jumna.
 –¡Ven a ver la mezquita de la Perla, *sahib*!
 –Otro día, otro día...
 «La mezquita de la Perla», en el Fuerte de Shah Jehan, los jardines de los emperadores mogoles y el estanque de mosaico con surtidores perfumados, quioscos de hiedra, pavos reales y alamedas rojas serpenteando por la hierba, la sala de recepción, *Diwan-i-Am*, labrada en mármol, con celosías que filtran la luz... Ya lo he visto, ya lo he visto. Esas mañanas límpidas y cegadoras del

otoño indio. *Diwan-i-Am*, con columnas de mármol y el trono de Shah Jehan. Cerraba los ojos y recordaba el memorial de Bernier sobre las recepciones de los tiempos de Aurangzeb. Recordaba el relato de Austin de Burdeos, que labró en mosaicos de piedras nobles los rostros y pájaros más vivos que pueden verse en las paredes de un palacio mogol. Austin, que se enamoró de una princesa, y sus aventuras en el corredor secreto, subterráneo, entre Delhi y Agra... Y, después, *Diwan-i-Khas*, la sala de audiencias privadas donde se encontraba el «Trono del pavo real», maravilla hecha totalmente de oro, cuajada de piedras preciosas, zafiros, rubíes y perlas, capturado como botín por Nadir Shah en 1739. En el techo de la sala se puede leer en persa:

> *Agar Fardaus bar ru-i-zamin ast*
> *Hamin ast wa hamin ast wa hamin ast.*
> («Si hay un Paraíso en la faz de la tierra,
> éste es; ¡oh, éste es, éste es!»)

Los bosquecillos, la hiedra negra, los largos estanques con escalones me recuerdan el Taj-Mahal de Agra. Una terraza lateral que se asoma a la orilla del agua...

Las ciudadelas de Delhi... Murallas de greda; otras murallas, tristes, umbrías, de ladrillos húmedos, con cactus en los fosos; ésta es la muralla de la ciudad que soportó el cañoneo de Nicholson durante la revuelta de los cipayos en 1857.

–¡Ven a ver el mausoleo de Humayun, *sahib*!

–Ya lo he visto.

El coche iba desde Pahar Ganj hasta las ruinas de Firozabad, cubiertas de maleza y de arbustos resistentes a la sequedad. Finalmente, al mausoleo. Vuelve a mi mente el recuerdo de Agra, al igual que Jami-Masjid me recordaba la mezquita de mármol blanco de Fatehpur Sikhri, la ciudad muerta; Akbar rezaba en esa fina y minúscula maravilla. ¿Cómo describiría el mausoleo de Humayun, un bloque de mármol blanco que sostiene una cúpula central, y sus plantas, sus balcones y sus quioscos laterales? Desde los alminares, Delhi se extiende entre colinas, verde follaje que oculta la serpiente de luz del Jumna; el silencio de las piedras que otrora se hicie-

Monasterios y anacoretas del Himalaya (1930)

ran eco de la gloria de los mogoles, mudos testigos de sus locuras, sus pecados, su sensualidad, su crueldad y su sabiduría. Silencio quemado, roto sólo por el chillido de una bandada de pavos reales; pero cada alminar, cada losa transmite una asfixiante sensación de crepúsculo, de sangre y muerte.

–¡El mausoleo de Humayun, *sahib*!
–¡Ay, chico!...

Le ofrezco cigarrillos y lo invito a una tetería. Me gustaría que mi guía conociera historias que no vienen en los libros, la historia de Mariam, la esposa de Humayun, o las siete princesas que se reunían al caer la tarde en el jardín Bu Halima. Me gustaría que mi guía me dijera la verdad sobre los espíritus de Kutab-ul-Islam, la mezquita en ruinas que se encuentra junto a las de un templo, y también que me hablara del famoso Kutab-Minar. Pero el guía empieza a contarme el prosaico cuento de Aladino y me recita la traducción de los versos sánscritos grabados en la «torre de marfil». Me siento hechizado entre estas ruinas hindúes y musulmanas, ante la magnífica mezquita que no pudo concluirse precisamente porque los musulmanes derruyeron el templo hindú a la mayor gloria del profeta. En el techo del corredor del templo aún se distinguen bajorrelieves inspirados en la vida de Krishna. Una inscripción arábiga de la mezquita hace alusión a los veintisiete templos paganos, «idólatras», que fueron derribados para con sus piedras levantar las gigantescas columnas y arcadas. Con toda seguridad, los templos idólatras era hindúes y jainistas. Pero no eran datos arqueológicos ni discretos resúmenes de la convulsa historia de los mogoles lo que yo le pedía. Un año antes ya había oído yo las admirables leyendas sobre las ruinas de Delhi, supersticiones relacionadas con las «siete capitales», recuerdos que, desde la revuelta de los cipayos, habían pasado a formar parte de las tradiciones populares.

Mi guía fue a la sazón un indio de baja estatura y taciturno que recitaba correctamente el ritual delante de los monumentos, pero mucho menos locuaz y enormemente receloso en cuanto salíamos a la calle. Sin embargo, al atardecer, empezó a contarme cosas. Yo le preguntaba y él contaba. Muchas trivialidades y nimiedades a la sombra de la ciudadela. Luego, de pronto, se puso sinceramente serio, sombrío, profundo. Tal vez tuve yo la culpa; le había preguntado sobre la revuelta de los cipayos. ¿Por qué no hablar de eso? Pertenecía a una vieja familia de Delhi. Un tío suyo era el dueño de una próspera tejeduría que enviaba sus mercaderías en caravanas a Sind y al Kurdistán, y su personal lo componían diestros tejedores que traía de Murshidabad. El asedio de la ciudad por el general Nicholson, el hambre, la sed, la encarnizada defensa. Sobre todo eso, los más viejos del lugar todavía pueden contar muchas cosas. Cuando los ingleses penetraron en la ciudad, comenzó la matanza. Con toda la razón del mundo, pensaba su tío. ¿Para qué arriesgar la honra de las mujeres? El buen hombre reunió a su mujer, a sus hermanas, cuñadas y criadas y les preguntó si aceptaban la cautividad. Ellas le suplicaron que las matara. El hombre tuvo que trabajar de firme porque estaba solo; pero cuando los ingleses entraron en su casa y lo mataron, no pudieron hacer ningún cautivo: encontraron catorce cuerpos de mujeres degolladas. Ahora, el nombre de su tío es famoso y digno de loa en toda la provincia...

Y en cambio ahora aquí estoy yo en la tetería, con mi guía contándome el cuento de Aladino... Si él hubiese sabido las ansias que yo tenía de conocer misterios... Delhi, la última ciudad de vida mixta e incierta, la última ciudad con luz eléctrica e imprentas, el último lugar civilizado donde hacer un alto en mi derrotero al Himalaya.

Me detuve a ver la procesión del primer día de Durga Puja y a ver, una vez más, Jami-Masjid. Me detuve aun a riesgo de que me invitaran a los «baños turcos», donde dos bañeros dan friegas a los huesos y te bañan sin jabón, echando pozales de agua fría y agua hirviendo, te retuercen las articulaciones, te doblan la pierna y te golpean con el talón en la espalda, te estiran el cuello y, como colofón, te preguntan cuántas «chicas» quieres... A riesgo de que me tomen por *British* y de no encontrar por doquier más que miradas heladas, burlonas o dudosas.

En esta ocasión, he llegado a Delhi en medio de una crisis política que, brusca y peligrosamente, se ha radicalizado. Y, pese a mi innata indiferencia por la política, resultaba sospechoso a cada paso. Pero era mi última prueba. En cuanto la procesión pasara

Monasterios y anacoretas del Himalaya (1930)

por el bulevar principal, sería libre. Una noche más de tren y, por la mañana, me despertaría en las laderas del Himalaya, lejos del tumulto y del insípido confort. Era mi última noche en la India musulmana, con la media luna en la tetería y la media luna de plata clavada, como una saeta, en el cielo verde. Y el guía...
–¿Y tú qué eres, hindú o musulmán?
–Cristiano, *sahib*...
...Se llamaba Joseph... Pero conservaba todo su instinto asiático anterior a la conversión. Me presentó una docena de vagos en el corredor de la mezquita, a los que daba el título de «gran sacerdote», y me sugirió cándidamente un *bacsis* de media rupia para arriba.

Interrumpí su narración de Aladino para irnos en *tonga* al Fuerte, y luego me fui a la procesión. Las imágenes de la diosa Durga, en carros engalanados y con guirnaldas eléctricas, seguidos de una caravana de antorchas, fuegos artificiales y ofrendas florales. Delhi es una ciudad típicamente musulmana, pero ahora los mahometanos acompañaban a los hindúes en la procesión; estudiantes con insignias nacionalistas y voluntarios del Congreso mantenían el orden, dirigían la circulación de vehículos y llevaban la iniciativa de los vivas, que no siempre se dirigían a Durga sino que más frecuentemente se los daban a los jefes políticos encarcelados.

Todo eso son signos inequívocos que revelan una India nueva, una India nacida de una gestación subterránea, de la unidad evidente de este continente grandioso y fascinante, dragón que despierta de su letargo; el encantamiento toca a su fin. Y, no obstante, me embargaba una cierta tristeza, al encontrarme allí solo, asistiendo a una procesión y tropezarme con todas esas miradas hurañas, frías, ultrajantes, concentradas sobre «el blanco»...

A duras penas pude hallar sitio en el tren. Ahora, todos los trenes están abarrotados a causa de las vacaciones de la Puja y de los grandes descuentos que hacen las compañías férreas. Ahora es cuando los indios aprovechan para viajar y visitar sus aldeas de origen o para llevar a su familia a algún lugar sagrado en la montaña, preferentemente a Hardwar y sus alrededores. Viajan apiñados, con mujeres, niños e innumerables bultos, cacerolas, ollas, fruta y vasos. Como no encuentro sitio en segunda clase, me veo forzado a viajar en un compartimiento *interclass* (entre la 2ª y la 3ª). Mis compañeros de viaje son todos indios y me toman por misionero, porque éstos son los únicos europeos que viajan en *interclass* y se interesan por los indios, por sus tradiciones y su filosofía, se traen a sus familias y tratan por todos los medios de convertirlos.

Viajamos de noche. Conforme nos alejamos de Delhi, arrecia el viento; hace frío. El tren es pesado, va demasiado cargado y la máquina no tira lo suficiente. Para en casi todas las estaciones y, durante la noche, sube gente apresurada que invade los compartimientos con los mismos bultos complicados y minúsculos. Cuando no encuentran sitio, se van a tercera clase porque casi todos los vagones son de tercera. Ahí nadie puede rechazarlos.

La gente se sube por los bancos, por los maleteros, y los niños duermen sobre los equipajes. Es gente de todo tipo, de todas las castas. Y casi todos van a Hardwar...

2. *Hardwar*

Este es el lugar de peregrinación más sagrado. El Ganges, tras escapar impetuosamente de las angosturas de las montañas, serena sus aguas. Aquí se abren los famosos canales del Ganges, siendo el más célebre el que partiendo de Khankal llega hasta más abajo de Rurki. Aquí se celebra cada doce años la famosa festividad nacional religiosa de la Kumbh-Mela, que reúne cuatro millones de peregrinos y fieles, de predicadores, donde sectas nuevas hacen prosélitos, se intercambian pareceres y se vivifica la unidad espiritual de la India.

Ya el invierno pasado, cuando asistí a la Mela de Allahabad, me propuse pasar unos meses en los eremitorios himalayanos de los alrededores de Hardwar. Ya había oído hablar de ese lugar, que cita Hiueng-Tsiang, el monje chino autor de una fantástica descripción de la India del siglo VI d. J.

De Hardwar hablan todos los que demuestran tener un cierto interés por la religiosidad y respeto por los «atletas» morales de

Monasterios y anacoretas del Himalaya (1930)

la soledad y del ascetismo; o lo que es igual, la India entera habla de Hardwar. Esta es la morada de la salvación para los oprimidos por el destino y para los que ansían la gran libertad. Hasta hace unos pocos años, cuando un hombre cometía algo irreparable, huía a Hardwar y se hacía anacoreta. Nadie le preguntaba de dónde venía y no era raro que vulgares criminales llegaran a ser grandes eremitas buscados por los peregrinos y ensalzados por la multitud. Ahora las cosas han cambiado; sin embargo, muchísimos desconocidos vienen diariamente a Hardwar o a sus inmediaciones con intención de retirarse allí para siempre.

...Llego muy de mañana, poco después del alba. Hace mucho frío, aunque estas montañas no son altas. Hacia el Ganges, las crestas de la cordillera se encabalgan, se oscurecen; es el camino que asciende hacia las cumbres himalayanas, hacia Badri Narayan, el célebre templo y centro de peregrinación, que está casi a 200 kilómetros por sendas de montaña, en las proximidades de las fuentes del Ganges, en la frontera tibetana. Allí, a Badrinath, llegaré en primavera, cuando se fundan las nieves, y desde allí al Tíbet, con sus caminos que antaño recorrieron los monjes budistas que llevaban la «ley» al corazón de Asia y más lejos aún, a China y Mongolia. Por aquí, el camino es más corto y menos pesado pues los desfiladeros son anchos y hay un continuo trasiego de caravanas de peregrinos entre el Tíbet y la India.

En las cercanías de la estación, encuentro el *dok-bungalow*, cuyo guardián es un musulmán y prepara unos platos de carne de carnero muy picante. Parece sorprendido de ver por primera vez a un europeo que rehúsa su asado. He sido prudente contentándome con arroz hervido sin sal y con verduras preparadas rápidamente por el musulmán porque, de ahora en adelante, durante meses tendré que soportar el régimen de los monasterios indios, donde incluso los huevos están prohibidos.

La carretera es ancha, con chopos y encinas a ambos lados, y desciende majestuosa entre boscajes y arrozales que se suceden en toda la región. En la estación, alquilo una *tonga*, coche rápido de dos ruedas, con un toldo primitivo y un caballo. Soy el único europeo que hay en esta ciudad santa y eso hace que todo el mundo se me quede mirando atontado, y que casi todos intenten engañarme. Cerca del río, la *tonga* se detiene. Las calles son estrechas, con casas de piedra rojiza y el pavimento de piedras angulosas y blancuzcas por el paso del agua. La gente abarrota esta calle que lleva hasta el principal lugar de baños, de la misma manera que en Benarés todos van al Templo de Oro. Apenas son las ocho de la mañana y la calle ya está a rebosar; las gentes se apresuran a hacer las abluciones matinales. Me descalzo a diez metros del ancho malecón con escalinata que en toda la India se conoce como *ghat*. En cuanto se bañan se visten y sus ropas gotean, de manera que el lugar se convierte en un barrizal y resulta impracticable para quien no quiera hacer un baño completo en el Ganges. Mi aparición vestido a la europea despierta la curiosidad y el entusiasmo de la muchedumbre, pues mi respetuosa visita es interpretada como homenaje al Ganges. Mientras me descalzo, el círculo se estrecha. Cuando avanzo hacia el *ghat*, el cortejo me sigue y un *sadhu* (monje con ropas de color naranja) me pregunta en un mal inglés de qué país soy. Le contesto que soy francés y entonces el monje se pone a hablar en francés... La gente que nos rodea se lleva una sorpresa de órdago. El *swami* me explica que ha entrado en la vía de la renunciación, *sanyasi*, en los últimos años pero que antes había estado trabajando en Francia y, más tarde, participó en la guerra como voluntario en el cuerpo indio en Francia: el fin de la guerra le sorprendió en el frente francés; durante un tiempo pensó establecerse en Egipto y finalmente se volvió a la India...

Mientras me contaba su vida «mundana», llegamos al malecón. El panorama es impresionante: las aguas verdes del Ganges repentinamente se ensanchan para formar un lago de esmeralda, con una isla de jungla en el centro y, a mano izquierda, por donde el Ganges baja de los glaciares, se levanta una orilla rocosa y abrupta.

Cegado por el sol, el río se remansa aquí como un lago encantado y el *ghat* de piedra blanca hunde sus blancos escalones en la profundidad del agua. La afluencia de fieles en los malecones es pintoresca pues han venido con sus familias, con niños y criados, y se bañan unos tras otros en *dhoti* de cáñamo, se tragan una bocanada de agua y se cambian el *dhoti* con admirable destreza. Un

Monasterios y anacoretas del Himalaya (1930)

puente conduce desde el malecón principal al segundo *ghat*, río adentro. Muchas mujeres, bellezas de Sind con pijamas de seda y velos blancos, o de Kathiavar, con rostros sonrientes y corpiños de terciopelo recamados de plata; o de la India central, menudas, tostadas por el sol, con brazaletes de oro macizo en los brazos y pulseras de plata en los tobillos; o mujeres bengalíes, con esa misma sonrisa melosa, semiescondida por la sombra del velo, con *saris* azules, que se pasan por encima del peinado, embriagadas por el perfume de incienso de los aceites y esencias.

Grupos y más grupos se precipitan al *ghat*, acompañados de hombres apuestos, altos, curiosos y maleducados. Mendigos, santones, faquires y *sadhus* piden limosna, dan consejos, ofrecen sus servicios o se ofrecen a hacer de guías. Algunos tienen suerte y encuentran fieles que reciben *mantras* (fórmulas sagradas) y les pagan con monedas de níquel. Como en cualquier parte de la India, la mayoría de los faquires y *sadhus* que se encuentran en los *ghat*, son unos embaucadores, vagos, vulgares pedigüeños a los que nadie respeta pero a los que casi todos ayudan porque es un lugar sagrado.

Vuelvo a la calle y me voy por la carretera que corta la ladera de la montaña, marchando durante un trecho paralelamente al río, para después dar un rodeo por el bosque en dirección a Rishikesh. Visito dos curiosos templos, ambos en cuevas. El primero está en la montaña y para llegar hasta él tengo que subir por una escalera de hierro. No puedo entrar pero tampoco vale mucho la pena. Es un templo estrecho, mal tallado y sin imágenes venerables. El segundo es de un peregrino pintoresquismo. La fachada de la cueva está pintada de rojo y el estanque está excavado en la roca y recibe el agua de un manantial. Puede verse perfectamente el símbolo de piedra negra de Shiva, el símbolo erótico entre guirnaldas de jazmín y pétalos de rosa, ofrendas de las mujeres que se bañan en la puerta del templo.

Aquí conozco a un joven avispado e instruido que se dedica a tratar las mordeduras de serpiente y de alacrán. Ese enigma, fatal para los toxicólogos europeos, hace mucho que se solucionó en la India y por vías distintas. En Orissa, por ejemplo, encontré gente a la que habían curado mordeduras de cobra por medio de la música monótona de esos médicos-curanderos errantes. Sin embargo, la mayor parte de los tratamientos se hacen con hierbas del Himalaya que sólo conocen los eremitas de *kavirajis*. Mi joven amigo tuvo que pasarse unos siete años en esos lugares hasta encontrar un maestro versado en ese menester y aprender a reconocer las plantas curativas. Algunas veces el «secreto» se vende a los médicos del sur pero, por lo que cuenta mi amigo, el único tratamiento eficaz es el de los *kaviraji* y *rishi*[38] himalayanos.

*

...Kankhal se encuentra en la otra punta de Hardwar, a dos millas del *ghat*, en una carretera bordeada de casas blancas, grandes, ricas, y de jardines con cipreses. La carretera pasa durante un trecho por la orilla del canal de aguas verdes y rápidas. Por allí pasan en todas direcciones peregrinos y grupos de caminantes a cualquier hora del día. Van sin prisas, con los ojos bien abiertos, saludando a todo el mundo y sin que los dobleguen ni el calor ni el frío.

El templo de Daksheshvara, célebre en toda la India, con sus viejos muros, húmedos, con gigantescos chopos y acacias. Entro después de dejar los zapatos en la puerta del patio; unas encinas dan sombra. Silencio. El Ganges pasa por la fachada del templo pero ni sus olas ni los chillidos de los monos que saltan entre los árboles turban esa calma sagrada, sobrenatural. Unas viejas piadosas se encargan de los altares pequeños porque hay muchos y están viejos, junto al templo de Shiva. Ruinas, columnas de ladrillo quemado, laureles y vid silvestre, bejucos con flores grisáceas, ardillas. Los peregrinos vienen a bañarse en el Ganges y luego se ungen la frente con el oro del polvo sagrado. Una chica triste y taciturna vende flores para ofrendas. Las flores están medio deshojadas, de manera que las ofrendas consisten en un puñado de pétalos y algunas rosas. Yo también compro y me dan los pétalos en una hoja de platanera. Se las ofrezco a la diosa Lakshmi por-

38. *Rishi:* Sabio. Especie de videntes a quienes, según la mitología, reveló Brahma los himnos védicos. [*Nota del traductor.*]

Monasterios y anacoretas del Himalaya (1930)

que su altar era el más pobretón y el que tenía menos flores en la piedra negra. Las viejas me miran como si yo hubiese hecho un milagro. Pocos son los blancos que llegan hasta aquí; y menos aún los que ofrendan guirnaldas de jazmín y pétalos perfumados a los dioses arios.

Otro día visité el templo Gangadwara; otro, la extraordinaria biblioteca, en una casa blanca con jardines, estanque y bancos de mármol. El *pandit* es viejo y conversamos en sánscrito. Me enseña un manuscrito precioso de la voluminosa Harivamsa. Todas las páginas contienen miniaturas marginales y retratos de las diosas en el centro; estos retratos son de una fineza rajastaní, de una graciosa exactitud y con detalles sorprendentes. El manuscrito tiene unas mil hojas y más de cinco mil retratos y las filigranas ornamentales de sus páginas son todas diferentes. El Museo Británico se ha ofrecido muchas veces a comprarlo por una suma al cambio de once millones de *lei*. El propietario de la biblioteca y de la escuela está tan orgulloso del manuscrito que ha rechazado la oferta pese a su pobreza y a la del país.

Otro día, visité el colegio ario Gurukul, a unas millas de la ciudad. Es la gloria de los *Ary-Samaj*, los reformadores enérgicos de la India, puritanos y luchadores que educan a sus hijos en el ideal védico; los tienen durante diez años fuera de casa, internos en el colegio, al aire libre. Su vida es de una perfecta pureza, donde se exalta la virginidad, el culto a un dios inmaterial, el respeto por la India y sus tradiciones, y se inculca el desprecio por la idolatría, el cristianismo, la religiosidad femenina y afeminada, el moralismo teosófico y la dominación británica. Gurukul no solamente es un severo colegio de donde vuelven convertidos en auténticos arios y perfectos sanscritistas; a la vez, es un vivero nacionalista. Cuando lo visité, la mitad de los profesores estaban en la cárcel por haber tomado parte en la revuelta civil. Los otros profesores llevaban el *khadar*. Es ocioso añadir que nadie fuma, ni toca una «carroña», ni toman té, café ni alcohol. Sus alimentos son la leche, la miel y las verduras. Su indumentaria, la de los indoarios védicos.

Aquí se habla el sánscrito más perfecto de toda la India septentrional. Y, pese a su actitud ofensiva, reformadora e intransigente, no son en absoluto intolerantes. Ya el primer día que los visité me invitaron a dar una conferencia sobre religiones comparadas. A duras penas me dejaron ir. Su cortesía exige que te alojen durante dos o tres semanas. Y únicamente mi promesa de volver y la convicción de que mi presencia en un colegio «arianista» me podría perjudicar, me permitieron poner fin a mi estancia allí.

...Las noches no tenían igual. La luna cubría con un manto de plata los abedules y la hierba, tapiz de donde salía un incierto murmullo, hierba indefinible, refugio de serpientes. En el cielo himalayano, las estrellas parecían alhajas, perlas de un collar, oasis. El firmamento aquí es inmaterial, el cielo está próximo, los abedules son esbeltos y garbosos: es el decorado.

3. *Rishikesh*

Al salir de Hardwar, el camino hace un atajo a través del bosque de monos y luego desciende a un valle árido, atraviesa la jungla de bambúes hasta entrar en un extenso calvero donde la hierba es más alta que un hombre montado a caballo. Atravesamos un afluente del Ganges de aguas frías y verdes que muge con estruendo al pasar entre las rocas blancas. Encinas inmensas, abedules y cada vez menos bambúes.

Volvemos a subir. Pasamos la vía férrea. Las montañas ahora están cerca, tanto que nos impiden ver las cumbres nevadas. El Himalaya con glaciares y grutas blancas se oculta detrás de la cordillera de montañas pequeñas cubiertas con un manto de jungla, desgarradas por las aguas. La carretera se hace mejor según nos vamos acercando a Rishikesh. La entrada es impresionante. A mano izquierda, el templo de Shiva, erigido por Swami Purnananda este mismo año, con un simbolismo arquitectónico sorprendente: una flecha que remata la cúpula y termina en un globo de cristal; testimonia la trágica incapacidad de la razón para traducir lo divino en categorías y valores. El templo tiene muros blancos, una puerta blanca que da a un jardín con cuyas flores los discípulos del santo harán guirnaldas. Es por la mañana, en el altar se han quemado sustancias aromáticas. El perfume llega hasta la carretera para perderse luego en medio de la polvareda levantada por la manada que va al templo sij. A duras penas atravesamos la nube de polvo, pues es polvo indio suspendido en la atmósfera de una pesadez irritante y constante. Mis compañeros se distribuyen cada uno por su templo o ermita. Todos han venido por un breve tiempo a pasar en este ambiente sagrado unas horas o unos días.

Me quedo en mitad del camino, con el equipaje a la sombra, maldiciendo en mi interior mis ropas europeas que llaman la atención de todo el mundo. Desde un *ashram* sij sale a recibirme un *sadhu* vestido de amarillo y me pregunta si tengo dónde albergarme y comer. Empiezo a darme cuenta de las dificultades que me aguardan; aquí no se habla más que hindi, lengua de la que no entiendo más allá de media docena de palabras. Mis conocimientos de sánscrito y de bengalí no me sirven para nada. Entre toda esta muchedumbre no hay nadie que sepa inglés. Nos entendemos a base de buena voluntad; yo mezclando el urdu y el bengalí y él reduciendo el hindi a las raíces sánscritas. Acepto la invitación del monje sij y me tomo una hora de descanso en el *mandir* (templo), adonde me traen agua en abundancia para lavarme y deliciosos manjares del Indostán con granadas, plátanos y almendras. Las almendras aquí son el símbolo de la hospitalidad, de la reverencia, del amor divino. El discípulo trae almendras al maestro espiritual y éste coge un puñado y se lo ofrece a aquél a su vez. Cuando se trata del discípulo predilecto, el gurú pela cuidadosamente una almendra y se la mete directamente en la boca. Ese es el signo supremo del amor del maestro.

En cuanto termino de visitar el *ashram*, llamo a un par de pelagatos que hay en la carretera para que me lleven el equipaje y me dirijo al *dokbungalow*. El vigilante habla gangoso y su hindi es para mí un misterio impenetrable. No sabe una palabra de inglés pero me trae el reglamento del *bungalow*, del que entiendo que tengo que obtener el permiso del «ingeniero del distrito» para poder ocupar una habitación. No tengo ningún permiso. El guardián me explica, me repite una y otra vez y al final entiendo que tengo que telegrafiar al ingeniero. Dejo el equipaje en el zaguán y me voy a correos, una tienda con una reja, a poner el telegrama pidiéndole el permiso; con respuesta pagada, se sobreentiende. Me rodea una multitud de transeúntes, de monjes, de mujeres y de vagabundos y se quedan mirándome hipnotizados cuando me voy hasta la valla alambrada del *bungalow*. El guardián abre una habitación (una de esas habitaciones blancas, sencillas y encantadoras, con una ancha galería y una cama turca, como se encuentra en todas partes por el Himalaya para uso de los funcionarios británicos), y mi peregrinación con el equipaje a cuestas toca a su fin.

Bruscamente, cae la tarde, la luna brilla, las encinas proyectan sus inmensas sombras, el Ganges pasa sus blancas aguas por el extremo del jardín. Desierto. El guardián está en su cabaña tan lejos que mis gritos desde la galería no lo molestan. Unas vacas, un perro, dos jóvenes, una hoguera; paisaje campesino si no fuera por la sombra de la jungla en la margen opuesta del Ganges, y la atmósfera intraducible del Himalaya que se hace presente en cada susurro, en las estrellas, en el silencio que se insinúa en el alma hasta que se hace dueño de ella.

Estoy solo en el *bungalow*. Salgo a pasearme en el enorme patio que a un lado tiene la carretera y al otro la abrupta ribera del Ganges. La ribera es más bien una barranca poblada de maleza y ardillas, pedregosa y desagradable. El Ganges esta hechizado por la luna; zigzaguea formando grisáceos remolinos y trampas, para remansarse luego como si fuera un lago; brilla como un espejo; se sale de madre, luego se ahocina en los desfiladeros para terminar perdiendo su fulgor en la jungla.

Los perros no ladran y el guardián viene corriendo; intuyo que el lugar está lleno de serpientes porque la palabra es la misma que en rumano, *sarpa*[39], y el guardián la pronuncia de forma hostil para que yo la entienda. A esta hora de la tarde, hay serpientes por todas partes. Regreso al *bungalow*. Silencio, que luego rompen las campanas de los templos, su eco es breve, cristalino, sin la melancolía de las iglesias ortodoxas, sin la solemnidad de las catedrales: tañidos de alarma, badajos que golpean con ritmo sincopado, crescendo. Repentinamente se paran, y queda flotando como un eco ahogado por cuerpos que se abrazaran a la campana.

---

39. Tanto el rumano *sarpe* (<lat. vlg. **serpes, -is*) como el sánscrito *sarpas* proceden de un étimo indoeuropeo común. [*Nota del traductor.*]

Monasterios y anacoretas del Himalaya (1930)

Casi todas las casas de Rishikesh son *ashrams*. Algunos de ellos son tan grandes como un cuartel, construidos con muros de ladrillo oscuro y cientos de habitaciones para los visitantes; otros, se parecen a hotelitos blancos, con grandes terrazas que descienden en forma de anfiteatro hasta la carretera. Todo el mundo puede encontrar habitación donde alojarse y comer en la *cherta*, la cocina de los *ashrams*. Sólo en Rishikesh hay unas mil habitaciones para albergue de visitantes a condición de que sean *yatris*, o sea, que vengan con fines religiosos. De abril hasta finales de octubre, los *yatris* se multiplican y la muchedumbre es tanta que no puede encontrarse dónde dormir, ni siquiera en los patios. Está de más decir que durante la Kumbh-Mela de Hardwar (en que se juntan tres o cuatro millones de peregrinos y de *yatris*) Rishikesh atrae a todos esos visitantes y las tiendas de campaña ocupan una extensión de varias millas, se adentran en la jungla y llegan hasta las orillas del Ganges. Se levantan entonces cientos de barracas y refugios de caña de bambú. Cuando se van los peregrinos, el aspecto es desolador, parece un campamento devastado.

La gente viene a Hardwar a visitar los templos y a tomar el baño sagrado. Rishikesh es un lugar de retiro milenario, el paraíso de los eremitas. Desde todos los rincones de la India se hacen donaciones para el mantenimiento de los ascetas, de los *brahmacarines*, *sadhus*, *pandits*, *swamis*, *nagas* y, en general, de cualquier alma religiosa. La comida es frugal, tortas de centeno, patatas hervidas y esa inevitable sémola vegetal, *dhol*, y cada *sadhu* tiene que pedirlos dos veces al día, yendo a una *chetra* por las tortas, a otra para las patatas y a una tercera para el *dhol*. De esta suerte, purga el orgullo y las convenciones sociales que dejara atrás, la humillación cotidiana los destruye. Sólo cuando un *sadhu* enferma se le autoriza a tomar leche y, durante las fiestas, todos comen dulces y frutas. La mayoría, por supuesto, las ofrendan los *yatris* durante la «temporada», junto con telas para las vestimentas amarillas, azúcar para el té y monedas de níquel que los *sadhus* guardan para pagarse alguna peregrinación a Benarés o Puri. En todo el distrito no matan a ningún bicho viviente, nadie come huevos y el Ganges está lleno de enormes peces que los eremitas alimentan con las sobras. Y, sin embargo, nadie está enfermo ni padece anemia; hay *nagas* que caminan diariamente veinte kilómetros por el bosque, *sadhus* que se levantan antes del alba a leer voluminosos textos sánscritos hasta la noche, y todos siguen idéntico régimen vegetariano desde hace decenas de años. Pero muchos practican el *Hatha yoga*[40], que proporciona una fragilidad continua a los tejidos y una elasticidad a los huesos que prolonga la juventud de forma prodigiosa; otros conocen ciertas raíces que ayudan a eliminar las toxinas que se producen en los procesos de asimilación y, al propio tiempo, contribuyen a liberar una importante cantidad de energía mental.

El bazar es como el de cualquier población de la India septentrional si bien mucho más limpio, está adoquinado y lo barren. Pueden encontrarse dulces, churros, caña de azúcar y frutas de Peshawar; además hay telas, ropa de cama y vajillas de latón para uso de los monjes. Los *yatris* pudientes, antes de ir al *darsan* (visita a los ascetas importantes), se aprovisionan en el bazar pues las normas de cortesía exigen que nadie puede acercarse a un *sadhu* con las manos vacías. Hasta los más pobres se dignan gastar unas monedas en azúcar, avellanas o almendras y se las ofrecen a los cenobitas con todo el ceremonial de respeto que se debe a un *sadhu*. Por las mañanas, el bazar resulta pintoresco cuando los eremitas vestidos de amarillo y color naranja bajan a bañarse antes de que la primera comitiva de *yatris* llegue a Hardwar. Por todas partes hay monos, en las terrazas, en los aleros, en las calles. Cuanto más nos adentramos en el monte, más salvajes son, más deformes y puede observarse perfectamente cómo se organizan en tribus.

En el bazar se encuentran las curiosidades de todas las ciudades santas orientales. Un hombre vestido de grana y con la cara manchada de ceniza, con la marca de la secta de Shiva en la frente, lleva un templo con él, un *mandir* cubierto con tela roja. Una barra sobre los hombros y, en ambos extremos, el bulto del templo tapado con un capuchón. El hombre toca una campanilla, recita unos mantras, se para delante de todas las tiendas y le dan una limosna en un platillo de latón.

40. Es el yoga físico, que lleva al dominio absoluto de las facultades corporales. [*Nota del traductor.*]

Monasterios y anacoretas del Himalaya (1930)

En una terraza hay otro mirando fijamente al sol. Tal vez esté ciego, porque se pasa el día entero en ese estado de éxtasis óptico, sin quitar los ojos del globo de fuego. Hay muchos *nagas* (ascetas desnudos), que se tapan el cuerpo con ceniza y se dejan crecer el pelo muy largo y desgreñado. Pero en Rishikesh, lugar preservado de exaltaciones religiosas y de la degenerescencia mística del sur, ese tipo de ascetas errantes no son apreciados. En Rishikesh no es bien visto ningún tipo de exaltación religiosa o de celo religioso extremado.

Sadhana aquí significa soledad, meditación, pureza y equilibrio. Por todos los caminos se llega a Dios, me dice un *swami*, pero el más seguro es también el más sencillo. El hombre ignorante inventó «la dificultad de encontrar a Dios». ¿Por qué habría de ser difícil encontrarlo si está en mí, si es mi mismísima alma? Eso dice el *swami*...

4. Swarga-Ashram

Se encuentra en la margen izquierda del Ganges, a dos millas de Rishikesh. Es un *ashram* incomparable que sale al encuentro del río que llega aquí rezumando espuma y oliendo a glaciares, después de atravesar las gargantas de Lakshmanjula. Al principio sólo se ve su templo blanco, santuario de Shiva, y unas casitas escondidas entre los árboles. El Ganges aquí ensancha su cauce, que se extiende entre la vertiente de la montaña invadida por la jungla y la playa de arena plateada por donde se pasean, al ponerse el sol, los eremitas. Dos barcas llevan a los moradores del *ashram* a la otra orilla.

Los barqueros son todos montañeses, fornidos y competentes; no piden propina porque les paga el *mahant* (el superior del *ashram*). Cuando ambas barcas están en la otra orilla hay que silbarles para que alguno de los barqueros lo oiga y cruce el Ganges.

El sol da de lleno en el agua. Montañas a ambos lados. El Ganges fluye y en Swarga-Ashram transcurre la misma vida monótona, tranquila y recogida de los cenobios indios. Hay grandes rocas negras entre las que pasa el río y remansa sus aguas formando lagos. Una duna de cactus bordea la playa y después comienza el bosque atravesado por bejucos leñosos, algunos cimbreantes, otros tiesos y espinosos, que resguardan la prodigiosa vegetación de la jungla, musgo y ramas, arbustos y cuerdas verdes que se retuercen al viento. Los bejucos se entrelazan por todas partes a pesar de que los monjes los cortan para limpiar las sendas y los lugareños de Lakshmanjula los cogen para hacer fuego, todos los otoños. No es un bosque antiguo, es más bien la vanguardia de la selva que desciende de la montaña, pero es espeso y en él pululan ardillas, serpientes, pavos reales y gatos monteses. En otoño, cuando se secan los manantiales de la montaña y la jungla se vuelve rala, los chacales llegan hasta la puerta misma del eremitorio buscando comida. Por las noches se oyen sus aullidos siniestros y solitarios y cuanto más avanza el otoño más se acercan. En las cavernas próximas no es raro encontrar tigres y panteras que bajan de las montañas en dirección a Pauri. Por la noche se acercan al Ganges a beber agua, monstruos luminosos al claro de luna, reyes campando a sus anchas en una región donde nadie mata.

*

...Bajo a Swarga-Ashram en busca de un *swami* del que ya había oído yo hablar en Delhi, Swami Shivananda, que hace siete años que está en este *ashram*. Pregunto por él en una farmacia *ayurvédica* y un viejecillo se ofrece a acompañarme. El hombrecillo está en el umbral de la renunciación; vino a buscar el lugar para su «última meditación». Tomó la decisión de dejar familia, hijos y negocios porque había malgastado su vida en un trabajo inútil y cometiendo negros pecados. El viejo destapaba su vida con asombrosa espontaneidad, concluyendo que la vida familiar es una mistificación, que la sociedad está llena de pecados e ilustrando su pesimismo con adorables escenas íntimas. Cuando era joven, viajó mucho por Persia, Afganistán y Arabia y en todas partes adoptó las costumbres del país; comió carne de carnero, bebió como un cosaco y se acostó con tres mujeres a la vez, como los árabes. En Basora conoció a unas prostitutas rumanas; resucitó el pasado en su alma arrepentida y se echó a llorar. Tuvimos

Monasterios y anacoretas del Himalaya (1930)

que detenernos un momento para que pudiese calmar su llanto. Un grupo de monos bajó de los árboles y nos rodearon pensando que nos habíamos parado para darles avellanas...

*

Encontramos a Swami Shivananda en su *kutiar* de la orilla del Ganges con un hombre de ojos brillantes, imponente, que me recordaba a Rudolf Steiner; era Swami Advaitananda. Doctor en Derecho en Londres, viajó mucho por toda Europa, muy leído, había llegado a alcanzar una halagüeña posición social; lo dejó todo para dedicarse el resto de su vida a meditar en las soledades himalayanas. Swami Shivananda es del Sur, alto, de anchas espaldas, muy moreno y feliz como un franciscano, seguidor del *sadhana* vedántico, muy risueño, se había granjeado la amistad de los europeos importantes de Singapur, donde durante diez años estuvo ejerciendo la medicina. Cuando tenía treinta y cinco años murieron su mujer y un hijo. Entonces, lo abandonó todo y se marchó a pie desde Singapur hasta el Himalaya, durmiendo al borde de los caminos, comiendo desperdicios, mendigando de puerta en puerta. Estuvo dos años enfermo con reumatismo y malaria, pero se curó gracias a la práctica del yoga. Ahora es feliz pues para él no existen el dolor ni la muerte ni la separación porque el dualismo es aparente y la única realidad es *Brahman-atman*, el alma, que es única e idéntica en el hombre y en el cosmos[41]. Un viejo motivo upanishádico, pero lo sorprendente es encontrarlo realizado y dando frutos en un hombre de ciencia del siglo XX.

El tercer *swami* con un brillante pasado social es Swami Narayan, que vive en un *kutiar* de piedra blanca al lado mismo del templo. Fue juez en Gwalior y cinco años antes de jubilarse renunció a todo para venir a Rishikesh. Se despojó de todas sus ropas y sólo lleva un taparrabos y, a pesar del tremendo frío de enero, fue andando hasta Badrinath, en la región de las nieves

---

41. *Atman* es el alma individual mientras que *brahman* es el alma universal, lo Absoluto. Al final de las reencarnaciones, la primera se fundirá en la segunda. [*Nota del traductor.*]

perpetuas. Duerme sobre una tabla, se despierta antes de amanecer y se baña en el Ganges para luego sumergirse en el *sadhana*.

Nadie sabe cuál es el camino emprendido por Swami Narayan porque observa el voto de silencio y la única palabra que pronuncia es el mantra *om!*, saludo que dirige a todo el mundo y saludo asimismo al dios que ve en toda persona.

Swami Advaitananda está muy contento de conocerme porque así puede explicarme el ingenioso paralelismo que hay entre Bergson y Bradley, de una parte, y Sankara el vedántico de otra[42]. El *swami* está al corriente de toda la filosofía moderna gracias a las traducciones inglesas y desprecia las prácticas o la devoción en las que se enfrascan la mayoría de los eremitas y considera que el único conocimiento metafísico *real*, efectivo, basta para la salvación del hombre.

Swami Shivananda me da fruta en un plato de aluminio. Su *kutiar* es un aposento en medio de un jardín, un lecho, un estante con piezas de vajilla, varias pieles de leopardo y de tigre y dos cajas con libros.

Por simple y llana que sea la conversación, de las palabras del *swami* se desprende una fuerza indiscutible, una altura espiritual que se manifiesta en su entusiasmo y sus consejos. Es casi un magnetismo, una magia porque los ojos del iniciado en yoga cobran un fulgor metálico, hipnótico, es una mirada que no se puede situar pero que se siente estática, dominante, fría. El *swami* desprecia, como casi todos en Swarga-Ashram, los «poderes» yóguicos, esas exhibiciones inciertas y ocultas tan discutidas en el Occidente supersticioso. Su yoga[43] es una disciplina personal, una cura corporal y agente de circulación en el flujo mental,

---

42. Teólogo brahmánico (788-830), creador del sistema de filosofía *Adyaita vedanta*. Se le considera la personalidad religiosa más importante de la India después de Buda. [*Nota del traductor.*]

43. El yoga es otro de los seis *darsanas*, sistemas filosóficos ortodoxos del hinduismo. La palabra proviene de una raíz sánscrita que quiere decir 'unir conjuntamente'. Mediante la práctica del yoga se une el individuo con el alma universal. El término sánscrito se remonta a un étimo indoeuropeo del que procede el español 'yugo'. [*Nota del traductor.*]

asistente inmaculado y poderoso para los ejercicios de concentración, meditación y *samadhi*[44]. Y cuanto más disciplinadamente se realiza, más silencioso y retirado se vuelve el discípulo. Finalmente, tras años de práctica, el *sadhana* exige que abandone cualquier tipo de sociedad y el eremita se retira al Tíbet. Las grutas de esta región están llenas de tales anacoretas que se sustentan de raíces y se pasan días enteros en una meditación intransmisible que puede ser un simple adormecimiento (como nos complace creer a los europeos, pero que también puede ser una de las siete clases de éxtasis estático, de posesión metafísica, contemplaciones que se han perdido en Europa con los alejandrinos[45]).

Así, por ejemplo, Swami Purnananda, de Rishikesh, no duerme nunca. Por las noches trabaja, medita, y durante el día enseña sánscrito a los discípulos y filosofía religiosa. Pasada la medianoche, hasta que amanece, permanece en una extraña posición, en una especie de trance yóguico en el que, según dicen, posee cualidades proféticas, clarividencia y clariaudiencia, pero eso no puedo asegurarlo. Lo cierto es que el trance dura sólo dos horas y por el ritmo de su respiración difícilmente puede pensarse que duerme.

Es más, cuando vuelve en sí, el *swami* demuestra haber resuelto problemas filosóficos que sus discípulos le habían planteado o incluso simples cuestiones cotidianas. Un toque de campanas a las tres de la mañana llama a diana y se oye por toda la ribera del Ganges. Son las campanas de los templos y santuarios, vigilia ciega en la noche, signo de la meditación. Dicen que a esa hora, cuando todas las criaturas duermen, Krishna baja del cielo a repartir limosnas entre los pobres, a consolar a los desdichados, a defender a los débiles. El resto del tiempo, los hombres y los dioses cuidan la tierra, pero a las tres de la madrugada el sueño los ha vencido a todos. Por eso baja Krishna del cielo, invisible, humilde, para dar regalos a los pobres.

Y los monjes son los pobres del Señor y su oración o meditación antes de amanecer es bendita...

---

44. Éxtasis yóguico. [*Nota del traductor.*]
45. Véase nuestro libro *Yoga. Essai sur les origines de la mystique indienne*. [*Nota del autor.*]

*

...La primera puesta de sol en Swarga-Ashram; me dirijo con los *swamis* al aposento del superior (*mahant*). El Ganges es de un color rojo encendido, los montes parecen de púrpura, una luz extraña se filtra por este valle himalayano perdido del mundo.

Habiéndome decidido a pasar el invierno en este eremitorio, tenía que solicitar la autorización del *mahant*. Me la da de muy buen grado, sin preguntarme nada de mi religión, nacionalidad ni del dinero que tengo. No obstante, tengo que observar las reglas del eremitorio: despojarme de mis ropas europeas, vestirme con un hábito amarillo y con dos bandas blancas (distintivo del estudiante, *brahmacarin*), calzar sandalias y ser vegetariano. Lo acepto muy complacido porque estoy harto de la ropa que visto, que llama la atención, y de los zapatos, que tengo que quitarme cada vez que entro a un sitio, calzarme para atravesar el patio y descalzarme otra vez a la puerta del santuario...

Al día siguiente me traje de Rishikesh mi equipaje, barrí el *kutiar* que me había asignado el *mahant*, una solitaria celda con galería de cemento y a la sombra del «árbol de Shiva», con un catre de madera y un quinqué. Guardé para una larga temporada mis ropas y, envuelto en las dos bandas blancas, bajé al Ganges a bañarme. Veinte pasos por las rocas y el Ganges que corre, con sus aguas verdes frías que conservan el olor penetrante de las nieves.

...Dos meses han pasado desde que estoy en Swarga-Ashram y es mucho lo que he aprendido, me quedan muchas cosas que escribir en estas memorias. Pero no he encontrado a nadie que sepa dónde está el *Agartha*...

5. *Vida de los eremitas en Swarga-Ashram*

...Las campanas tañen por segunda vez. Ha amanecido pero el sol todavía no se ve porque sale por la otra parte de las montañas. Cornejas y pavos reales; el graznido monótono y el chillido agudo, metálico, exasperante, de los pavos reales salvajes. La jungla

Monasterios y anacoretas del Himalaya (1930)

exhala frescor tras el viento nocturno. El Ganges despide el mismo aroma penetrante de la nieve derretida.

Los eremitas bajan a la playa embutidos en sus túnicas de color naranja para el baño matutino. Se zambullen varias veces tapándose los oídos y las narices con los dedos, mientras recitan mantras. Luego se lavan la ropa, la tienden en una roca para que se seque y se van a su *kutiar*. Aparecen por segunda vez cuando oyen el repiqueteo de la *chetra* y se van por las sendas, descalzos o calzando sandalias de madera, con una escudilla de latón a mendigar su alimento. Comen con los dedos, como todos los indios, sin hablar, sirviéndose nada más que de la mano derecha pues el alimento es una ofrenda a los dioses del cuerpo y la comida sólo es un ritual. Apoyan la mano izquierda en tierra y en toda la India se considera una imperdonable descortesía tocar algo con esa mano durante la comida. Las sobras se tiran o se dan a las vacas; nadie puede tocar los desperdicios de comida. Cuando terminan de comer, los eremitas bajan a la playa y se lavan la cara, la boca y las manos. No hay pueblo más limpio que los indios. El baño diario se considera no ya necesario, sino indispensable. La mayoría toman dos baños completos al día. Antes y después de las comidas se lavan cuidadosamente las manos y la cara, y después de cualquier acto impuro, sea el que sea, repiten las abluciones matinales. Por supuesto, entre los «ortodoxos» se exagera. Se bañan y se cambian de ropa cuando visitan a algún extranjero y sólo admiten comer con los hombres de su casta. Si cuando van por la calle, la *sombra* de un *sudra*[46] los toca, se dan media vuelta y se van a bañarse porque consideran que están «impuros»...

Swarga-Ashram es un trasunto del cenobio de Rabelais donde «cada uno puede hacer lo que quiera». No son obligatorios los servicios religiosos del templo de Shiva, donde se entretejen guir-

---

46. En sánscrito, un hombre vulgar e ignorante, trabajador manual, que no ha sido instruido en los misterios védicos (*Veda* en sánscrito significa 'ciencia, sabiduría'). Salieron de los pies de Brahma y forman la más baja de las castas. Las leyes de Manu (hijo de Brahma, considerado el primer legislador de la India) reservaban castigos terribles a los *sudras* que se atrevieran a leer o escuchar los himnos sagrados. [*Nota del traductor.*]

naldas de flores rojas todas las noches. Aquí viven unos ciento treinta *sadhus* y al templo nunca van más de dos o tres. No hay nada obligatorio para quien ha renunciado definitivamente a los deberes del mundo. Dios es uno y único pero cada uno lo nombra como quiere. Unos lo llaman Narayan, otros Shiva, otros Sankara y hay algunos *sadhus* que se contentan con el mantra divino *om*, que simboliza la impronunciable presencia de lo divino en todas partes. Cuando se encuentran, su saludo es el mismo: ¡Om! ¡Mano Narayan! (¡Om! ¡Respeto a Narayan!) Pero si hay alguno que adore a Dios con el nombre de Sankara, cuando los otros *sadhus* se le cruzan lo saludan con el nombre de ¡Sankara! ¡Sankara!

Mi vecino es un *naga* (asceta desnudo) del Pendjab, corpulento, guapo y piadoso. No sabe teología ni moral ni metafísica. Tampoco sánscrito pero me dice que Dios sería auténticamente mezquino si se revelara sólo a los que saben sánscrito. Mi *naga* no practica un ascetismo riguroso, sino que se contenta con una simplicidad natural; se pasa los días leyendo los inmensos *Bhagavata Purana*[47] y pronunciando la misma palabra, *Sankara*. Cuando le pregunto por la salvación de su alma, me contesta que basta con pronunciar el nombre de Dios para salvarse. Sin embargo, por la noche practica el yoga de la respiración (*pranayama*), y me invita a menudo a su choza después de salir las estrellas, para iniciarme en la terrorífica técnica de prolongar la consciencia durante el sueño, un sueño sin visiones oníricas, e incluso en una situación de pura catalepsia. Su método es el de la conocida escuela *Hatha yoga*, tal y como se practica en el Himalaya y en el Tíbet. Se tapona los oídos con cera, adopta una posición estable (*asana*) con las piernas cruzadas, con la columna perpendicular (de tal modo que los plexos sacro, prostático, solar, cardiaco, faríngeo y cavernoso coincidan sobre una misma línea mediana empezando en el *muladhara* y terminando en el *sa-*

---

47. Los *Puranas* (en sánscrito, 'antigüedades') son una serie de textos sagrados del hinduismo con relatos legendarios sobre el universo, la genealogía de los dioses, etc. Los más conocidos son el *Bhagavata Purana* y el *Vishnú Purana* que pretenden pasar como el quinto libro de los Vedas. [*Nota del traductor.*]

hasrara), con las manos en equilibrio sobre las rodillas, con los ojos cerrados pero concentrándose en el «plexo sutil» (*ajna-cakra*) situado entre las cejas y el etmoides. Cuando se ha conseguido la suficiente concentración (*pratyahara*, o sea, la aniquilación de las actividades periféricas de los sentidos), la satura repitiendo mentalmente el mantra *¡om!* y comienza a regular lentamente el ritmo de su respiración, prolongando cada vez más los intervalos de sus aspiraciones hasta llegar a una aspiración en el espacio de cuatro segundos. El cuerpo adquiere una inmovilidad rígida, a veces catalépsica y, por el ritmo de su respiración, se puede comprobar que el asceta duerme, en el sentido de que todas sus actividades sensoriales y mentales están en suspenso. En ese estado, liberado de los obstáculos de la conciencia diurna, lúcida, el *naga* explora la zona inaccesible del sueño. Además, la práctica del *pranayama* no tiene otra virtud que transmutar la conciencia de la vigilia a zonas que normalmente son inconscientes o subconscientes... Cuando salgo de su choza, el *naga* conserva la misma posición de estatua; ni un músculo se mueve y pueden observarse con todo detalle las fases de su respiración rítmica: primero se hincha la parte inferior de los pulmones por la retirada del diafragma, luego la parte mediana por la elevación del esternón y, finalmente, la superior por la curva que forma el arco torácico, tal y como prescribe cualquier tratado de *Hatha yoga*.

*

...La libertad de los eremitas se extiende no sólo a la práctica religiosa en general, sino también en lo tocante a la conducta personal. Cada uno puede hacer lo que se le antoje; reza cuando quiere y respeta las creencias de los demás. Nadie manifiesta esa actitud definitiva propia de los occidentales, de que él solo ha encontrado al auténtico Dios y que los demás son unos herejes. Nadie intenta convertir a nadie (superstición semítica del monoteísmo intolerante y proselitista). Sus conversaciones giran en torno a Brahma, al dios único, Inmanente en su entera creación y que, no obstante, la trasciende porque es inmutable, incalificable e indeductible por relaciones. Sus libros sagrados son el *Bhagavat-*

La India

Gita, los *Upanishads*[48], la *Imitación de Cristo,* el *Brahma-Sutra*[49], con los comentarios de Sankara y el *Yoga-Sutra* de Pantanjali[50]. Pero ellos no se pasan el día leyendo, sino meditando, practicando y actualizando la espiritualidad revelada en esos libros. Casi todo el tiempo están encerrados en su *kutiar* rezando, pero sus preces no siempre son religiosas en el sentido cristiano del término, sino más bien un ejercicio espiritual de purificación interior y de gimnasia metafísica. Naturalmente, todos no son filósofos, pero casi todos tienen su propia técnica de meditación. A veces, su pensamiento es monótono, mediocre y poco imaginativo y siguen los cánones del *Gita* o de la literatura popular religiosa y expresan hasta la saciedad el sempiterno motivo de identidad esencial *Atman-Brahman.* Conversar con esos *sadhus* resulta estéril y agotador mas nadie puede decir hasta qué punto han realizado esa verdad banal y hasta dónde su «dogma» no pasa de ser una simple formulación de vacuidades.

Pero lo que resulta sorprendente es su indiscutible sinceridad e inagotable tolerancia ante cualquier credo, sea de donde sea. Hasta los más mediocres *sadhus* están siempre ansiosos de escuchar cosas sobre Jesucristo, san Francisco, Kabir, del gurú Nanak y de cualquier otro gurú, como ellos llaman a los enviados. Desde que me instalé en el *ashram,* no han parado de venir a preguntarme cosas del cristianismo y les gustaron tanto los relatos sobre fray Lorenzo (de *Las florecillas,* de san Francisco) y algunas otras leyendas piadosas medievales, que todos los días me hacían que

---

48. En cada uno de los *Brahmanas* [véase *infra,* nota 57] hay un capítulo o *aranyaka* (< scr. *aranya,* 'bosque'), comentario teológico destinado a ser meditado en la paz y el silencio de los bosques. Y dentro de cada *aranyaka* hay un *upanishad* que encierra la verdadera doctrina secreta. Etimológicamente significa 'sentarse a los pies de alguien', en señal de respeto y para escuchar sus enseñanzas. Esa enseñanza no era para todos, sino sólo para los escogidos.. Es, pues, una enseñanaza esotérica. Los *Upanishads* son la quintaesencia del pensamiento filosófico del brahmanismo. [*Nota del traductor.*]

49. Es el texto principal de la escuela filosófica Vedanta. *Sutra* significa 'aforismo'. [*Nota del traductor.*]

50. Creador de la escuela filosófica yóguica. [*Nota del traductor.*]

Monasterios y anacoretas del Himalaya (1930)

se las repitiese. Todos ellos consideran a Jesucristo Hijo de Dios y lo llaman *Lord Jesus*, tal y como se lo han oído a los misioneros. Pero eso no les impide equiparar a Buda, a Krishna y a otros profetas a Jesús. No pueden aceptar límites y zonas geográficas en la manifestación de la divinidad. Su espíritu panteísta es patente incluso en las más simples afirmaciones metafísicas. Pero los frutos son emocionantes. Un viejo *sadhu*, que hablaba sánscrito con insuperable maestría, el primer día que nos conocimos me abrazó y se puso llorar diciendo: «¡Todos somos uno!». Ellos se han liberado de la curiosidad insoportable de los europeos sobre el culto que se profesa y nadie me ha preguntado hasta ahora si soy protestante, anglicano, católico u ortodoxo. Una vez quise provocar a un *swami* y la pregunté si para conocer a Dios era necesario iniciarse en el hinduismo. Éste se sorprendió mucho de mi pregunta y me contestó que no hacía falta que nadie se convirtiera, que si yo amaba el hinduismo me bastaría con aceptar sus ideales, ni más ni menos. Sin embargo, añadió que si mi amor por el hinduismo era sincero, eso probaba sólo una cosa: que en mi existencia anterior había sido indio...

Ellos dicen que todos somos Uno, pero lo más importante es que esta afirmación la ponen en práctica continuamente. Se ayudan mutuamente, se despersonalizan ante los amigos y practican la *seva* (servicio). Un *swami* entrado en años es célebre por su conducta. Nunca trabaja para sí aunque trabaja como un negro día y noche. Limpia los *kutiares* de los vecinos, lava las ropas de los enfermos, hace té para todo el mundo, enciende los quinqués, hace de mensajero para todos y es de una modestia y una mansedumbre franciscanas. Unos días después de llegar yo al *ashram*, vino y colocó un plantón de flores al pie de mi ventana para que su visión alegrase mi despertar.

En cierta ocasión acompañé hasta Brahmapuri, a varias millas de distancia en la jungla, Ganges arriba, a una *miss* que había venido a visitar Swarga-Ashram. Aquello era un semillero de grutas y en una de ellas encontré a un *sadhu* de Malabar, del que no sabía qué admirar más: si sus enseñanzas o su santidad. Nos sentamos en la fría arena de la cueva y aunque habíamos ido a aprender de él, se puso a preguntarnos. Nos mostró las *Confe-*

siones de san Agustín y le preguntó a la *miss* si había leído la *Imitación de Cristo*. Al contestarle ella que no, le aconsejó dulcemente: «Léelo, porque es uno de los libros más grandes que se han escrito en este mundo»... Entonces me sonrojé una vez más por la altanería y los yerros de los europeos que han venido a convertir a Asia.

6. Las grutas de Brahmapuri

...Corría entonces el mes de octubre, los días era calurosos y la jungla espesa, las cascadas vomitaban sus aguas verdes desde las vertientes de la montaña al estrecho cauce del Ganges. Una madrugada partí con Swami Shivananda y con otro *sadhu*, Dayananda, hacia Lakshmanjula por el frondoso sendero de la margen opuesta del río. Pasamos el puente que colgaba sobre las gargantas por las que corrían estruendosamente las azules aguas del Ganges y luego, a través de un campo de flores, ya en la parte llana, arriba, nos adentramos en la jungla. El sendero se perdía bajo esas prodigiosas hierbas, reptiles de hoja ancha, bejucos reptantes que hunden sus raíces en la orilla y los tallos en el bosque, sogas húmedas, vivas, sensitivas, que gemían bajo nuestros pies y se retorcían como si fueran orugas. Raramente veíamos el sol en ese valle verde oscuro; a trechos lo divisábamos en la copa de algún árbol desconocido, por algún trocito de cielo azul, dios incandescente de un horizonte engañoso. El sendero serpenteaba en un irregular trazado que pasaba ya por los guijarros de un arroyo seco o entre gigantescos troncos caídos y envueltos en un sudario verde. La muerte vegetal no produce la impresión deprimente del otoño o del crepúsculo, sino que es un don del rebosadero de la vida, una alegría de la materia que cambia, palingénesis y sacrificio. Es una danza. Yo estaba hechizado por esa magia del ritmo eterno y oía los clamores grisáceos transformados en tallos de flores azules, por todas partes me asaltaban fragancias penetrantes y puras. Todos caminábamos con el paso del hombre embriagado por la jungla, con la respiración aturdida por la miel del perfume desconocido. El bosque de bambúes fue un oasis de simplicidad después de

Monasterios y anacoretas del Himalaya (1930)

esa babilonia de aromas y formas. El tapiz de hojas era aquí sobrio y seco, y las ramas de los bambúes crecían esbeltas, sin imaginación, improvisando una inmensa enramada a cuyo través se filtraba la luz domeñada y delicada como en los meses de agosto en Inglaterra. Caminábamos despacio, cada uno sumido en sus recuerdos, amansados y fortalecidos por la apariencia doméstica de los bambúes.

Llegamos primeramente a la choza de un *brahmacarin* nepalí, un hombre de cierta edad, semidesnudo, que se había hecho una especie de huerto sólo de plataneras, naranjos y matas de *bang*, cuyas hojas hervidas o ahumadas en una *huka* de madera producen un estado de languidez muy del agrado de los *sadhus* pues dicen que facilita la concentración mental y clarifica la meditación. El *brahmacarin* nos obsequió con plátanos y limones y después nos enseñó sus cultivos de plantas medicinales que a mí me interesaban muy especialmente. Ya conocía yo una planta que produce un tremendo calor interior, que utilizaba el *naga* Swami Narayan, el *naga* que había hecho el «voto de silencio» hacía tantos años y que desafiaba los fríos más crudos sólo con un taparrabos. En el camino a Brahmapuri, mis guías me mostraron unas raíces-bulbos que los anacoretas utilizaban como alimento y como tónico. Su nombre es «fruto de rish», pero mientras que un *swami* cualquiera no conoce sino una especie, hay otros que conocen quince o dieciséis y algunas de ellas con poderes milagrosos. El secreto es muy difícil de descubrir y la experiencia peligrosa pues la mayoría son venenosas. El *brahmacarin* nepalí me mostró, no obstante, un cultivo de la «hoja de Brahma», una pequeña planta de hojas menudas y redondas y con sabor a medicina. Es una planta renombrada por sus propiedades para fortalecer los nervios. El agotamiento, el exceso de concentración e incluso algunas enfermedades que debilitan el cerebro se combaten admirablemente con la «hoja de Brahma». Hace miles de años que se conoce por la farmacopea del *Ayurveda* y, hace poco, la adoptó el *Bengal Pharmaceutical Works*, de Calcuta.

Seguidamente, el *brahmacarin* me enseña un arbusto cuyo jugo cura las picaduras de escorpión, luego una especie de *cannabis* que produce un efecto narcotizante similar al del opio, y otras muchas plantas e insectos utilizados en la medicina ayurvédica. Aquella noche, en la cabaña de Brahmapuri, no paraba de tomar notas sobre los misterios de la ciencia botánica y la farmacopea de los anacoretas himalayanos. Yo mismo experimenté muchas de esas plantas, bien personalmente o en el hospital de Lakshmanjula. Una vez fumé *bang* y recuerdo la vertiginosa noche que pasé pues se me desplazó el sentido del espacio y me sentí tan ligero que cuando quería darme la vuelta en la cama, me caía al suelo... El *bang* tiene la curiosa propiedad de concentrar e intensificar el pensamiento, cualquier pensamiento que domine la conciencia en el momento de la narcosis. Ni que decir tiene que si el pensamiento es religioso, como se supone, la meditación es perfecta. Sin embargo, me acuerdo de haber tenido aquella tarde una discusión literaria con un visitante en el *ashram* y tuve una noche llena de pesadillas...

Seguidamente, bajamos a la orilla del Ganges a buscar la gruta de un *naga*. Tuvimos que subir y bajar riscos bañados por el sol donde se calentaban grandes lagartos y culebras de arena hasta que descubrimos el peñasco donde se hallaba la gruta del asceta. Bajo un sol de justicia subimos por improvisados peldaños con la ayuda de una maroma que colgaba desde la cueva. Nos pusimos a gritar ¡*om*!, ¡*om*! ¡*Namo Narayan*!, y el asceta abrió el ventanuco de madera que tapaba la entrada de la cueva. Era un tipo joven, demacrado por las prolongadas privaciones, debilitado por el calor que achicharraba la cueva y atontado por la luz. Completamente desnudo, con la pelambrera recogida en un moño en la coronilla, salió a la entrada de la cueva a vernos. Mi guía me dijo que la gruta estaba llena de serpientes. Comienzo a preguntarle cosas al eremita en sánscrito y me cuenta que fue *pandit* y que ahora estaba estudiando el comentario de Vachaspati Misra al *Vedanta-Sutra-Bhashya* de Sankaracharya. Su sánscrito no es muy bueno pero me enseña libros y manuscritos, entre ellos un Kalidasa[51] con comentarios de Malinatha, admirablemente copiado en tinta

---

51. Poeta lírico y épico y dramaturgo del siglo IV d. J. Es el poeta por excelencia de la literatura clásica propiamente dicha en lengua sánscrita. [*Nota del traductor.*]

negra y roja. Su voz es apagada, los ojos marchitos por la oscuridad. Se asombra de que yo haya venido desde tan lejos pero rehúsa una discusión filosófica, tal vez por creerme un *mleccha* (bárbaro), o porque ya no tenía más ganas de hablar. Descendemos sudando y muertos de calor. El Ganges corre entre las rocas, sus aguas son de un azul desusadamente intenso. Nos vamos otra vez hacia la playa entretallada de rocas gigantescas y nuestro pequeño grupo marca las primeras huellas humanas en una arena que sólo han pisado los monos que bajan a beber el agua del Ganges...

Llegamos a Brahmapuri. Una sola cabaña de cañas de bambú, sólidamente construida sobre un fondo de grava, con dos arroyos que pasan por los lados. El *swami* que la habita habla perfectamente el bengalí porque su maestro espiritual fue un bengalí que se hizo anacoreta por estas latitudes. Escucho su relato descansando en la galería en una estera, a la sombra de gigantescos árboles. Cuatro hombres de Lakshmanjula trabajan en la plantación de plataneras y toda la «granja», oasis inverosímil en el corazón de la jungla, me recuerda grandemente algunos paisajes de Ceilán con cingaleses semidesnudos en las plantaciones de caucho.

Una tribu de monos grises, con la cara blanca, vive a las mismas espaldas de la cabaña y el *swami* se las ve y se las desea para cuidar su plantación. Durante el día, saca de la cabaña unas pieles de leopardo y de jaguar y las cuelga de los troncos. A los monos les entra el pánico, chillan, gritan y se encaraman hasta la copa de los árboles saltando de rama en rama, con gran estrépito de hojas o colgándose del rabo en las ramas y balanceándose como un péndulo entre los bejucos. Nunca he visto tantos monos ni tan salvajes. El espectáculo me interesaba tanto más porque tenía la sensación de que recelaban de mí desde allá arriba y que en cualquier momento podría servir de blanco a las frutas o ramas que me tirara el jefe de la tribu, un macho de ojos furiosos que había sido el último en subir.

El *swami* me cuenta que los viene observando desde hace meses y que está admirado por su vitalidad. Los machos están en perpetua agitación, dan tremendas volteretas y tienen multitud de lances amorosos. Pese a ello, aunque no tienen mucho que comer, tienen buen aspecto y gozan de una longevidad humana. El *swami* cree que esa vitalidad volcánica se debe a unas raíces especiales que únicamente los monos conocen y mantiene su tesis recordándome que los anacoretas conocen algunas de esas especies de bulbos, cosa que no tuve más remedio que aceptar. Pero él procede científicamente: observa cuáles son las plantas y raíces que comen determinados monos y, acto seguido, su comportamiento durante varios días. Su investigación no está exenta de riesgos, pero él es optimista y no admite fallos; está seguro de que dentro de unos años dará con la planta milagrosa... Me sorprende esa actitud de investigador positivista en la vida de la jungla porque los eremitas ignoran, de ordinario, tanto las bellezas de la naturaleza como también sus leyes y muestran una increíble indiferencia hacia todo lo que no haga referencia a lo Absoluto, a la metafísica y a la física de su salvación.

Nuestro anfitrión encendió la lumbre para cocer tortas de centeno y hervir verduras. Nosotros bajamos por la orilla del Ganges a visitar las cuevas. Son pequeñas, escondidas entre los riscos, y se formaron a raíz de los desprendimientos de rocas de la montaña. Encontramos la más pintoresca y la más espaciosa, auténtica gruta de anacoreta, donde durante seis meses estuvo viviendo Swami Ramtritha, el incomparable maestro espiritual de la India. Entramos con dificultad y nos sentamos en la arena húmeda de la gruta. Allí hallamos a aquel viejo *swami* de Malabar que, en otra ocasión, preguntó a una cristiana si había leído la *Imitación de Cristo*. El *swami* acababa de bajar de la zona de nieves perpetuas. Durante ocho meses no había visto a nadie, excepto a tres *brahmacarines* menores a quienes enseñaba sánscrito y filosofía. Yo era el primero «del mundo» al que veía. Me preguntó si el rey y Gandhi vivían. Le dije que el rey sí pero que el *mahatma* estaba en la cárcel. El anacoreta se echó a llorar y luego a reír, con una risa sincera y extraña. Misterios de la soledad...

✻

Saltamos de roca en roca. La arena quema, los lagartos huyen a nuestro paso y el Ganges corre bravío y espumeante por las hoces. La jungla se alza esplendorosa a ambos márgenes. De invisibles rincones nos llegan aromas. Nadie sabe de dónde vienen, me dice el *swami*, pues los trae el cuerpo sin vida de Swami Ramtirtha, muerto en estos parajes, en las aguas del Ganges. Tal vez son los remordimientos del río...

7. La cobra negra

...Octubre ha sido el mes de las peregrinaciones a Hardwar, Rishikesh y Swarga-Ashram. Diariamente, grupos procedentes de los cuatro puntos cardinales de la India llegaban al *ashram* para ver a los *sadhus* más íntegros y llevarles ofrendas. Es una costumbre característica de los indios, incluso de los agnósticos y ateos, visitar con su familia los centros religiosos y pedir consejos de comportamiento, o para hablar con los maestros de Vedanta de los misterios del dios interior. De esta manera, las ideas de los anacoretas himalayanos penetran en toda la India en un vasto proceso de ósmosis espiritual que recorre la India provincia tras provincia, desde el cabo Comorin hasta la jungla de Assam. Así se hace popular el nombre de un santón junto a un compendio de su doctrina religiosa y de todas partes, sin publicidad ni propaganda, le llegan discípulos. Cuanto más retirado vive un *sadhu*, más profundamente su personalidad penetra en el tejido de la India, el país del dragón encantado. Para un hindú que vive en sociedad y en familia, los que lo han dejado todo y se han retirado del mundo son como dioses por el simple hecho de la renuncia. Aun cuando el anacoreta sea un tipo mediocre y víctima de las tentaciones terrenales, su valor permanece intacto. Un día alcanzará la liberación a la que anhela el alma india. Mientras, los que viven inmersos en la sociedad están condenados a nacer y renacer en la dolorosa rueda de las transmigraciones, el *samsara*...

Pero cuando un blanco, un europeo cristiano practica la renunciación monástica, aun cuando sean temporalmente, se vuelve un mito y le adoran como a un *rishi*. Los primeros peregrinos difunden su nombre por los bazares, los trenes, en las veladas al amor de la lumbre, y el rostro del blanco se transfigura, cobra proporciones legendarias, sus palabras se aprenden de memoria y

La India

se leen, se traducen sus escritos en las ciento y pico de lenguas de la India. De ser un europeo vulgar y corriente que había venido a la India a aprender algo de los anacoretas himalayanos, de pronto se ve idealizado en medio de una extraña e inverosímil apoteosis. La gente oye hablar de él y viene, acude sin cesar para el *darsan*. Grupos de devotos irrumpen en su *kutiar*, viejos que le piden aclaraciones sobre el *Bhagavat-Gita*, hombres que le ofrecen miles de rupias para fundar asilos y escuelas religiosas, mujeres que lo abruman de ofrendas (telas, dulces, granadas, bolsitas de azúcar y té, plátanos y almendras), mozas que se postran de hinojos y le tocan las sandalias con la frente, niños que le piden en sánscrito la bendición, enfermos para que los cure, ignorantes para que los ilumine.

El blanco se ve desposeído de su personalidad y transformado en un Benefactor taumaturgo y angelical. Sus confusas protestas de que no es *nada*, de que no sabe *nada*, de que ha venido a la India a aprender y no a predicar, son tomadas como santa humildad. Si habla, lo ven como un Alma grande, magnánima, que pierde el tiempo ayudando a los que no saben. Si calla, como un auténtico santo que está por encima de la verborrea de los mortales. Entonces, los hombres se arrodillan ante él, las mujeres se inclinan, le acarician los pies y le rozan los vestidos con la frente. Una sola palabra suya, y serán dichosos durante una temporada. Todo lo esperan de ese blanco que acepta vivir como lo hacen los *rishi*; esperan una sonrisa, una mirada o un verso en sánscrito o incluso basta con que pronuncie sólo la palabra mágica: ¡*Shanti!* ¡*Shanti!* (paz). La India está sedienta de amor, de afecto sincero y desinteresado que venga de parte de quienes la han reducido a la servidumbre. Una palabra amable del amo, y su criado será su esclavo de por vida. Gentes que están habituadas al odio y desprecio de los europeos se conmueven ante las excepciones, y cuanto más ignorantes son de las cosas de Europa, más sincera y profunda es su devoción.

*

Con motivo de la visita de uno de esos grupos para el *darsan*, fue cuando vi por primera vez la cobra negra. Nunca he dejado

Monasterios y anacoretas del Himalaya (1930)

de ver serpientes en el *ashram*, ya fueran víboras o cobras, pero aquí nadie las ataca, de modo que no revisten peligro. Además, resulta chocante que nadie recuerde que alguna vez una serpiente mordiese a algún *sadhu*. La cobra y la pitón se cazan por toda la India, como si fueran fieras feroces. El otoño pasado acompañé a un ingeniero inglés a una cacería por las riberas del Ganges. Cuando íbamos atravesando la indescriptible jungla de Bengala, nos detuvimos de pronto los dos, al escuchar un chillido de ave, era un grito extraño, humano, agónico. Yo ignoraba que era el de una paloma salvaje aterrorizada por los ojos de una cobra, pero mi acompañante reconoció el grito y se aproximó despacio al árbol de donde había partido. Entonces fuimos testigos de una escena inenarrable, tal y como es toda la vida de la jungla. Una gigantesca cobra había clavado su mirada de acero azul en los ojos de una paloma que estaba en un árbol próximo. El ave había lanzado su grito de muerte que nos había alarmado, pero no podía volar. La cobra la hechizaba con su mirada telúrica y permanecía expectante. Pero mi camarada, tras descubrirme el drama cotidiano de la jungla, mató a la cobra. Nos acercamos a la paloma. Había muerto de miedo...

En otra ocasión, en Calcuta, descubrí una cría de pitón en el comedor de la pensión y la mató un hijo de mi patrona. Pero el cocinero nos anunció que «la madre de la serpiente» vendría buscando venganza. Aunque todos nos reímos de las supersticiones, la patrona prohibió a sus hijos que después de atardecer fueran a jugar al jardín. Unos días más tarde, durante la cena, oí el estridente croar de una rana. La patrona reconoció ese sonido como hecho por una serpiente. Salimos todos con faroles y linternas al porche donde había muchas macetas y jardineras de flores y plantas. El grito venía de un rincón del porche y, cuando vio la luz, la serpiente, en lugar de huir, se quedó allí enroscada. No resultó difícil matarla. También era una pitón...

...Pero hasta ahora no había visto ninguna cobra negra, el más temible de los reptiles que, según dicen los indios, mata en dos minutos. Corrimos mis visitantes y yo a un *kutiar* vecino donde habíamos oído un estrépito y vimos a gente con bastones. El *swami* que vivía en el *kutiar* estaba limpiando su celda y arreglando sus cosas cuando descubrió una inmensa cobra en un cesto de mimbre. Un *swami* no puede matar. Su obligación es alimentar a todas las criaturas, y a menudo deja una taza de leche para las serpientes, por si las hubiera. Pero al barrer la celda, el *swami* golpeó sin querer a la cobra y la irritó. Una cobra enfurecida no se va nunca sin antes haber mordido al primer sujeto que encuentre en su camino. El *swami* intentó ahuyentarla con el rabo de la escoba y lo único que consiguió fue enfurecerla aún más. Entonces cerró la puerta y esperó a que la cobra se calmara. Entre tanto, un *sadhu* inglés, Swami Janananda, que había bajado hacía sólo unos días de las montañas, fue a la puerta del *kutiar*, donde se había congregado el tropel de visitantes y eremitas.

Dicen que un inglés no huye nunca frente al peligro, precisamente porque le da miedo huir. Swami Janananda (su nombre verdadero era Arthur Young) abrió con un palo la puerta de la choza, suponiendo que iba a encontrar a la cobra escondida en un rincón, atemorizada. Pero se encontró delante de sus narices al gigantesco reptil negro, silbando de cólera y escupiendo veneno. No tuvo tiempo de nada salvo de defenderse. Y dio la casualidad de que al primer bastonazo le rompió la cabeza a la cobra. Un hombre había salvado la vida, eso por supuesto, ya que en ese *ashram* nadie conocía ningún remedio contra la cobra negra y, si le hubiese mordido, habría muerto sin remisión antes de que llegara el curandero de Hardwar. Sin embargo, el *swami* había cometido un delito, había matado y todos los eremitas estaban desolados. Sacamos el cadáver de la cobra de la cabaña; medía casi dos metros y era negra como el carbón. La atamos con una cuerda y la arrojamos al Ganges. Esa noche todos los eremitas rezaron por el pecador...

Pero observé que a menudo me faltaba leche en la jarrita. Sospechaba que algún gato me visitaba por las noches. Hasta que una noche oí un silbido apagado y extraños ruidos. No tenía quinqué ni me bajé del lecho. Además, ya sabía yo que ninguna serpiente ataca a menos que esté irritada. Por la mañana se lo comenté a un *swami* ducho en solventar dificultades de toda índole. Me sugirió una idea fantástica. Los dos cogimos una iguana, uno de esos «cocodrilos» de secano que viven debajo de las piedras y cazan serpientes. Son animales estúpidos, del tamaño de un pavo y con repugnante aspecto de reptil prehistórico de cartón. Nunca he visto ojos más inexpresivos que los de una iguana. En cualquier caso, no me fue difícil cogerla y con una cuerda la llevé hasta mi *kutiar*. Luego cerré la ventana, la solté y nos fuimos. Esperamos un par de horas y entramos. La iguana respiraba pesadamente y estaba hinchada. Desde entonces no volví a oír más silbidos durante la noche ni me volvió a faltar leche. La iguana había hecho su trabajo; se había tragado a la serpiente...

8. *Los leprosos*

La carretera que va de Rishikesh a Munikhereti discurre por el cauce seco de un río por el que, en verano, corren las limpias aguas de un raquítico arroyo. Aquí el paisaje resulta desolador y los ojos buscan anhelantemente las aguas del Ganges, que se intuye por algún lado, detrás de la cima cortada de una colina. Hacia el monte, el valle se estrecha entre las rocas para, tras hacer un recodo detrás de un *ashram* con terrazas orientadas a levante, penetrar en la jungla y perderse en el corazón de las montañas, en el Tiri.

Ese es el camino que hacen los peregrinos de Hardwar y Rishikesh a Lakshmanjula. Marchan en grupos con porteadores cargando equipajes o camellos que alquilan por el camino, o mulos y caballos de montaña con sus guías himalayanos. En ocasiones, pesados autobuses bajan de Rishikesh y atraviesan el valle seco con un chirrido metálico hasta que cogen otra vez la carretera sombreada por esos árboles de flor amarilla y hojas largas como las adelfas.

Sea cual fuere el camino por donde se venga, te asalta de repente un murmullo quejumbroso, un maullido mujeril y lastimero, una letanía entrecortada, un largo gangueo litúrgico, un susurro desgarrador y suplicante en el que a duras penas se distinguen las palabras «¡maharajá, maharajá!»... Desde la sombra de la colina desciende un inverosímil cortejo de andrajos, muletas y llagas. Te paras atónito a pleno sol y ante ti surgen unos seres no-humanos que te rodean, te imploran y te acosan con sus genuflexiones y su llanto. Al principio, no adivinas su suerte pues se tapan sus llagas con jirones de sacos o harapos. Si ven que resistes, te exhiben sus pústulas para provocar tu caridad y tu asco. Son úlceras de pesadilla, rosáceas, blancuzcas que brillan al sol. Y en torno tuyo, el valle árido, desolado, desierto. «¡Maharajá, maharajá!»...

Leprosos. Con un pronunciado perfil leonino, con sus manos sin dedos, muñones con costras plateadas. Algunos, al comienzo de su calvario, recientemente expulsados del seno familiar, todavía llevan las ropas de su vida anterior. A algunas mujeres se les nota la juventud en sus melenas polvorientas, en su mirada aún viva, pues la «princesa de plata» seduce poco a poco; primero son los dedos, luego los pies, después la nariz, los codos, la boca... Reconoces la reflexión y la sabiduría en la mirada de unos hombres que de pronto se ven reducidos a la categoría de parias, proscritos y malditos por aquellos a quienes alimentaron. Ni siquiera se les permite mendigar libremente. Les azuzan perros para ahuyentarlos hasta que se enteran de un lugar donde ya hay otros leprosos y se van en su busca. Muchos son los que engrosan la muchedumbre de leprosos cada año y por más que unos mueran y otros se suiciden en la jungla, su número aumenta y su sufrimiento se agrava como un castigo del Apocalipsis.

Volví de madrugada. No los encontré en el valle, pero un muchacho me dijo que dormían en la montaña, en una casa abandonada y que vendrían. Los esperé. Cuando el sol ya calentaba bien, empezaron a bajar en grupos por las sendas del valle seco. Unos con muletas, otros arrastrándose. Llenos de mugre pues no se les permite lavarse ni en ríos ni en arroyos y los lagos están secos. Me conocían por haberles dado ya limosna en otras ocasiones y, cuando me vieron, su semblante se serenó. Pero yo había ido con un pensamiento más atrevido: quería buscarles un albergue, un hospital o un *ashram* y el dinero suficiente para que no tuviesen que mendigar. Pues las monedas que les arrojan algunos peregrinos se convierten en sus manos plateadas en heraldos de la «princesa». Recientemente, una adolescente de Munikhereti escondió ingenuamente una moneda de níquel en la boca, comprendió lo que le esperaba y desapareció. Tal vez se haya dejado morir de hambre en la jungla o quizá se fue a tratar de curarse a la cueva de algún *rishi*.

Me puse a interrogarlos en el poco hindi que he logrado aprender en estos meses de vida anacoreta. Me dijeron que no tenían casa, ni comida pues el ayuntamiento de Rishikesh carecía de fondos y que todo lo que había hecho por ellos fue autorizarlos a mendigar en el sitio que ellos habían escogido en una ruta de paso de peregrinos caritativos. Nadie pensaba en ellos. Los creyentes ricos ya tienen bastante con ocuparse de dar donativos para la erección de nuevos templos y *ashrams* o de entregar miles de rupias para mantener a los seis millones de *sadhus* de la India. Las autoridades no pueden hacer nada pues no tienen instrucciones para ello (además, en el mismo Bombay, colocan a los leprosos a mendigar en hileras..., me explicó un funcionario para excusarse). Los servicios sanitarios se muestran impotentes pues nadie sabe curar la lepra y tienen miedo de acercarse a los leprosos. Todos huyen a su paso o miran para otro lado. Les tienen lástima pero saben que todo el mundo tiene que expiar en esta vida los pecados de las vidas anteriores. Nada de lo que nos sucede está desprovisto de sentido. ¿De qué sirve intervenir en los actos de los demás? El *karma* es una obligación reconfortante y confortable, eso ya lo sabía...

Me contaron que las noches de luna nueva y luna llena, les llevan comida de un *ashram* de las cercanías. Es la única ayuda efectiva con que cuentan. Me invitaron a ir y fui una noche de plenilunio. La desamparada soledad de la jungla, la tristeza del fantasmagórico valle a la luz de la luna. Estaban esperando. Sonaron unos cortos toques de campana y las filas de leprosos se encaminaron hacia el vecino *ashram*. A cada uno le dieron *chapati* y *dhol*, es decir, las habituales tortas y sémola. Cogían la comida hambrientos y como animales, en cacharros o en papeles, en hojas de platanera o en platos oxidados. Se deshacían en bendiciones y se arrastraban hasta el borde del camino. La horripilante caravana de sombras configuraba una danza de espectros al claro de luna. Devoraban más que comían y, como todos los indios, con los dedos, con los que les quedaban...

Ahora tenían que esperar trece o catorce días. Esperar, es decir, ayunar o tal vez morir. Y sin nadie que se apiade de ellos, que se les acerque, nadie en quien confiar. Tuvieron un único protector, un cierto doctor Hari Singh, pero a éste también lo perdieron.

    Hace unos treinta años, el doctor Hari Singh volvió de Londres pletórico de ciencia y de entusiasmo social. En un viaje a Pauri se encontró con los grupos de leprosos del valle. Aunque su familia lo esperaba en Lahore, el doctor tomó la resolución de no volver hasta que no les encontrara un asilo. Fue de la Ceca a la Meca, puso el grito en el cielo, pidió dinero y en unos pocos meses consiguió reunir a todos los leprosos de la comarca en un magnífico *ashram* que compró con el dinero de un compasivo rajá. Estaba solo pues nadie se atrevió a acercarse a los leprosos. Pero escribió al servicio sanitario de Delhi y le mandaron un equipo de ayuda. Su familia intentó por todos los medios habidos y por haber que volviera. Le mandaron una hermana, un hermano y un hijo para convencerlo. Hari Singh se resistió. Llevaba medio año de exilio cuando recibió una carta de su esposa anunciándole que había tenido una niña y le suplicaba que volviese urgentemente. El médico capituló. Pero la víspera de la partida, cuando todos los leprosos lloraban y le imploraban, descubrió en las muñecas unas escamas plateadas. Aquella misma noche se pegó un tiro. Su suicidio provocó un gran alboroto. El equipo volvió a Delhi, se evacuó el *ashram* y los leprosos se vieron otra vez en el valle seco...

    Desde entonces ya no les ayuda nadie.

En la frontera de Afganistán
(Fragmentos)

El día 7 de noviembre de 1930, Arthur Young y yo fuimos detenidos en la estación de Lahore. Los hechos se desarrollaron así: habíamos salido la víspera por la noche de Amritsar. Nuestro anfitrión, un joven profesor del Khalsa College, nos había informado de que la violencia política iba en aumento y que lo mejor sería alejarnos lo antes posible de los focos de terrorismo nacionalista. En efecto, unos días antes se había descubierto un depósito de bombas en Delhi y eso radicalizó la actuación policial. Se cacheaba a la gente por las calles, se hacían registros en las casas. Eso era, lo confieso, muy irritante. Desde que bajé del Himalaya con Arthur Young (que había cambiado su nombre por uno de eremita, Swami Janananda, e iba vestido con hábitos de monje), me encontraba bajo una permanente vigilancia policial. Cuando fui a Gurukul, lo hice con intención de quedarme unos días en el colegio Arya-Sama, junto a Hardwar, pero un agente secreto se me acercó y me dijo que sería deseable que me fuera.

Todo eso me tenía harto. Nos fuimos de Amritsar resueltos a acercarnos todo lo que pudiéramos a la frontera noroccidental. Nuestro punto central sería Peshawar; ahí tendríamos que quedarnos al menos una semana porque yo quería estudiar la colección de arte greco-budista del museo y Arthur Young quería asistir a clases de pasto[52] y de persa (esa lengua ya la sabía). Des-

---

52. Lengua indoeuropea perteneciente al grupo iranio oriental y que

pués, teníamos pensado ir a Waziristan, donde Young tenía amigos desde 1918; desde allí, yo me volvería a la India, vía Quetta, y él emprendería la gran aventura de entrar en Afganistán a través de Persia. Todos esos planes los habíamos hecho durante nuestras noches himalayanas, en el monasterio donde nos conocimos.

Aún recuerdo con extraordinaria nitidez la noche del 6 al 7 de noviembre.

Llegamos muy pronto a la estación para que nos diera tiempo a dormir un rato antes de la llegada del tren. Estábamos cansados y muy nerviosos. Yo decidí ponerme de nuevo mis ropas europeas, precisamente para evitar problemas. Al volver a la sala de espera, se me acercó un señor y, muy cortésmente, me dijo algo en un idioma que no entendí. Le contesté en inglés diciéndole que no había comprendido.

—¿Cómo? ¿No es usted mahometano?

Parecía muy sorprendido. Mi barba lo había confundido. Durante todo el tiempo que porté la ropa amarilla de los eremitas parecía un hindú; ahora, vestido a la europea, musulmán. No sé por qué, pero eso me resultaba divertido. El señor se me presentó: era un funcionario del Servicio Aeronáutico de Bagdad; hacía diez años que vivía en Persia y había ido a la India a visitar a unos familiares. Pedimos té y nosotros, que esperábamos pasarnos la noche descansando, nos la pasamos de charla con aquel caballero hasta que llegó el tren. Pero, ¡qué charla! ¡Cuántos detalles! Abro mi cuaderno de viaje y encuentro: «Me cuenta que Bagdad es una ciudad casi parisina donde las mujeres visten a la última moda y son, en general, unas putas. Ejemplos ilustrativos de la virilidad de los árabes: un viejo de sesenta años se quejaba al jediv de que su mujer estaba enferma y como él tenía la costumbre de hacer el amor cuatro veces cada noche y además era muy pobre para buscarse una segunda esposa, ¿cómo iba a arreglárselas ahora? Este señor nos cuenta que muchos árabes tienen hijos a los ochenta

---

es la lengua oficial de Afganistán. Por extensión, puede denominarse también *afgano*. Se habla asimismo en zonas de Persia y de la India (hoy Pakistán) limítrofes con Afganistán. [*Nota del traductor.*]

años y con varias esposas. Ha estudiado las causas de esta tremenda virilidad. Cree que son los higos».

Pasamos el tiempo tomando té y fumando y cuando llegó el tren nos fuimos al mismo compartimiento. Dormimos poco; llegamos a Lahore a las siete de la mañana. Nos separamos encantados de nuestro musulmán. Miramos al cielo. Presagiaba una mañana calurosa. Con el equipaje en la mano (cosa prohibida en la India) nos fuimos a la salida. Entonces, el policía de la estación, un inglés vestido de blanco, con un salacot que le venía grande, con revólver y bayoneta, se nos acercó y nos invitó cortésmente a seguirlo, no a la sala de espera sino a una habitación junto a la cabina del teléfono. Nos sentimos francamente incómodos, solos en esa habitación extraña. El policía nos pide los pasaportes. Yo le doy el mío. Lo mira incrédulo: «¡Ah! ¿Pero no es usted musulmán?». Pues le habían informado de que un caballero turco que se llamaba como yo había sido detenido en Bombay la noche anterior. Intento explicarme. Es inútil; tengo que permanecer detenido en esta habitación hasta que venga a interrogarme el jefe de policía local. Le digo que puede telefonear a Calcuta y pedir informes sobre mí. Anota atentamente las direcciones. Le pregunto si es que mi pasaporte no basta como identificación. Me responde flemático que no me parezco a la fotografía del pasaporte; que yo llevo barba y el titular del pasaporte no, que al turco lo detuvieron en Bombay y que, a fin de cuentas, el pasaporte no vale gran cosa.

Nos quedamos solos en la habitación. Sin saber por qué, evitamos mirarnos a los ojos cuando oímos correr el cerrojo al salir el policía. La ventana estaba enrejada y, apoyado en ella, un *chaprasi* grosero, un individuo malcarado que incluso se negó a comprarnos cigarrillos. Calor. Nos quitamos la chaqueta y esperamos. Ahora yo era el que temía por Arthur Young. Ese muchacho no era bien visto por las autoridades inglesas de la India, Irak y Mesopotamia. Desde que acabó la guerra había estado dando tumbos por todos lados, se había jugado su hacienda diez veces, había cambiado mil veces de empleo, había intentado suicidarse tirándose con la moto al mar, y terminó por recluirse en un monasterio de Rishikesh. Pero tampoco ahí alcanzó la tranquilidad. Al cabo de unos meses de vida monástica, se fue al Tíbet. En el camino a Badrinath lo conocí yo, en un estado desastroso, con los pies hinchados, semicongelado; unos peregrinos rajastaníes lo llevaban a cuestas. En la choza a orillas del Ganges, nos estuvo contando por la noche, todo emocionado, cómo tomó la decisión de despojarse de sus ropas europeas y seguir por la senda de la soledad; arrojó sus ropas a una laguna al anochecer y se vistió con la túnica. Después se fue. Los piadosos rajastaníes al escuchar tan triste historia se echaron a llorar y se postraron ante él diciendo: «¡Eres un santo, *swami*!» (y él gritándoles, «¡no me toquéis los pies!»).

No voy a decir que todo eso pasó por mi mente durante el tiempo que permanecí encerrado con Young en Lahore. Pero me preguntaba si la misteriosa e incoherente vida de ese chico no escondería otros misterios. (Más tarde me enteré de que Young había hecho un desfalco de cuatrocientas rupias en la Burma Oil Company, pero que eso no había llegado a oídos de la policía. Les resultaba sospechoso por su indumentaria de monje. Pero al final, ignoro por qué arte de birlibirloque, lo tomaron por agente secreto del *Afgan Border* y le dieron toda clase de facilidades.) Young, por su parte, como me confesó en otra ocasión, se preguntaba si no sería yo en realidad un espía bolchevique; eso lo volvía reservado y suspicaz. Esperaba con impaciencia que llegara el jefe de policía local con los informes de Calcuta.

–¿Por qué nos detuvimos en Lahore? –me preguntó tras un penoso silencio.

Le expliqué que la ciudad era muy interesante, que en su museo se encontraban todos los descubrimientos del Gandhara, que, finalmente, él mismo quiso unos días antes que nos parásemos en Lahore pues tenía conocidos en la ciudad. Me dirigió una mirada cargada de recelo. Siempre que le hablaba de arqueología me tomaba por espía.

Por fin, llegó el jefe de policía. el *chaprasi* se levantó de la ventana y se cuadró. Yo estaba nervioso. Entró un caballero de edad acompañado del policía de la estación. Los dos muy amables. «Qué lástima que no sea usted sacerdote belga (*a Belgian father*)», me dijo el jefe. «Es usted pintiparado. De haber sido así, no habría tenido usted ningún problema». Me excusé como pude y seguí diciendo obstinadamente que era rumano. Volvió a pedirme el pasaporte. Me preguntó si no tendría por casualidad alguna carta, qué ocupación tenía, qué hacía en Lahore, etc. Dijo que había telefoneado a Calcuta, pero que en la dirección que di no vivía ningún rumano. Me puse a protestar y a decir que me quejaría al consulado francés de Lahore, que si dudaban de mi identidad que trajeran un barbero y verían si era o no el mismo de la foto. Todo en vano. Pidieron excusas y pasaron a ocuparse de Young. Que por qué llevaba esa túnica amarilla. Porque le gustaba. Que por qué había ido a Lahore. Porque tenía dinero; de lo contrario, se habría quedado en el convento. Que qué había en el convento; si había europeos, si se hacía política, si se comía bien. Y ahí se nos puso Young a hacer una apología del Himalaya y de la vida monástica. La soledad de la cordillera con sus cimas perennemente nevadas... Peces como un brazo de grandes, que acompañaban a las barcas para pedir su comida... ¿Está permitida la caza?, preguntó el jefe. En esa región no. En la margen izquierda del Ganges, en la zona de los monasterios, no puede comerse ni un huevo. ¿Ves?, meditó en voz alta el jefe, ése es el defecto de los indios, son fanáticos, testarudos...

El resultado fue que los dos se fueron dejándonos otra vez encerrados. Pero esta vez nos trajeron té, *curry* y cigarrillos. Nos pusimos a discutir: que si tú no hubieses llevado barba... Y si tú no hubieses venido con esos ropajes amarillos...

Transcurrieron dos horas más. El calor se hizo tan insoportable que llamé al *chaprasi* golpeando el cristal de la ventana y lo amenacé con molerlo a palos cuando saliera si no nos traía un ventilador de algún despacho. El pobre diablo se recorrió toda la estación, encontró el ventilador pero no pudo meterlo en la habitación. Tuvo que ponerlo en el alféizar de la ventana, meter el cable entre los barrotes y nosotros nos las vimos y nos las deseamos para enchufarlo pues casi no llegaba. Bueno, al menos había un poco de fresco. A ratos, el cable se salía del enchufe y Young se ponía a blasfemar como un carretero. Nos quitamos la camisa y nos quedamos fumando ante la ventana. El *chaprasi* tenía que sostener el ventilador y, de paso, alejar a los curiosos que se habían congregado a mirarnos...

La India

No sé lo que habríamos hecho si los dos policías no hubiesen vuelto. No pareció molestarles encontrarnos desnudos hasta la cintura. Esto es un infierno, les dijo Young. Comenzó un nuevo interrogatorio. Que adónde teníamos pensado ir. Si directamente a Peshawar. Que eso era muy peligroso, dijo el jefe. Yo le dije que nos había invitado el señor Perris, el jefe de estación. Que tenía una carta de recomendación de su hermano el ingeniero Perris, de Calcuta, el patrón de mi pensión. Eso lo tranquilizó un poco. Leyeron la carta de recomendación (que, además, ya habían leído en el interrogatorio anterior) y nos permitieron salir con tal de que no nos quedáramos mucho tiempo en Lahore. Le aseguré que no teníamos tiempo; sólo unas horas para ver el museo y que después volveríamos a la estación para coger el rápido a Peshawar. Aceptaron. Nos vestimos, le dejamos los pasaportes y documentos al jefe de estación, nos obligaron a comprar el billete a Peshawar y nos separamos con toda frialdad.

En el andén se había apiñado un montón de gente para ver a los espías detenidos. Nos fuimos lo más rápidamente que pudimos. A la salida nos dimos de bruces con el señor de Bagdad.

—¿Pero cómo? ¿Usted aquí?

—Es que tengo un pariente en Lahore —dijo—. Es muy amable, muy cariñoso.

Y lo vimos subir al tren.

*

Hay mucho que ver en Lahore, muchas puertas y tumbas hermosas, jardines y el fuerte de Shah Jehan, llamado Hazuriagh Darwaza. Unos meses más tarde, mis andanzas me trajeron de nuevo aquí. En esa ocasión, me alojé al lado mismo del mausoleo de la hermosa Anar Kali, a la que Akbar sepultó viva por haberse sonrojado cuando Selim (Shah Jehan) entró en el harén. Pero son tantas las cosas que se relacionan con ese segundo viaje mío a Lahore que me veo obligado a dejarlas en el tintero.

El 7 de noviembre de 1930, sólo vi de Lahore el museo y el bazar. Comí con Young en un restaurante musulmán cerca de la estación y allí decidimos ambos que lo mejor sería irnos cuanto antes a Peshawar y renunciar a las visitas y estudios que habíamos proyectado hacer.

Fue un viaje cansado, en un vagón de tercera clase lleno hasta los topes de patanes y kabulíes. Llegamos a Peshawar de madrugada. Nadie ha conseguido explicarme nunca dónde reside el encanto de esta ciudad de la frontera afgana. Y, sin embargo, cuando se entra en Peshawar se tiene la sensación de estar entrando en otro mundo. ¿Será acaso por la presencia de esos hombres de más de dos metros, fornidos y robustos, que pueden robar por la noche un piano y transportarlo a la espalda diez kilómetros, hasta el otro lado de la frontera? (Porque así me lo confirmó mi informador.) Sobre ese mundo afgano, sobre esos patanes y afridíes de los que hasta no hace mucho hablaba la historia, he recogido una gran cantidad de datos que me proporcionó especialmente el señor Perris, jefe de estación de Peshawar, anfitrión nuestro en esa ciudad fronteriza.

Ese señor Perris era un hombre muy extraño, como todos sus hermanos. Uno era cazador de fieras (*big game*), otro cazador y serpentólogo y éste cazador y etnólogo *sui generis*. Este hombre sí que quería a los afganos. Hablaba divinamente el pasto, había estado muchas veces en Kabul, la capital de Afganistán, y le gustaba pasar las vacaciones en la frontera, en esas montañas incomparablemente bellas, austeras e impresionantes por donde se abre el paso de Khyber.

Nos acogió con entusiasmo. Al fin pudimos tomar un baño como Dios manda y cambiarnos de ropa. Le contamos las dificultades que tuvimos en Lahore y eso lo dejó pensativo.

Nos pidió que fuésemos prudentes pues en Peshawar se había decretado el estado de sitio. Después de las seis no estaba permitido salir a la calle. («Conmigo sí podéis salir», nos tranquilizó. «Aquí todo el mundo me conoce y nadie se atreverá a pegarme un tiro».) Lo más peligroso habría sido que nos hubieran secuestrado mientras paseáramos por los alrededores de la ciudad. Los afganos suelen secuestrar a los europeos solos que encuentran para luego exigir un enorme rescate por su liberación a las autoridades británicas. Otra cosa más: que nunca nos vieran armados en el bazar. Eso se consideraba un ultraje y desataría un tumulto en un abrir y cerrar de ojos. No teníamos que inquietarnos por las detonaciones que oyéramos por la noche; los afganos se divierten así, disparando en el bazar.

El frío mañanero empezó a menguar. Salimos hacia el bazar en compañía de nuestro anfitrión. Una muchedumbre como raramente se encuentra incluso en la más oriental de las ciudades indias. Zaragüelles a rayas, turbantes que dejan al descubierto la parte superior de la cabeza, babuchas de lo más elegante. Todas las tribus se dan cita en este zoco que reúne todos los perfumes, alhajas y tejidos de pelo de camello que se encuentran en el camino real de Bokhara a Kabul. Sería inútil tratar de describir el sinfín de cuerpos altos y recios, las expresiones a la vez pícaras e inocentes de unos hombres que están prestos a dar la vida por ti y a venderte al otro día por cuatro chavos. Los kabulíes tienen en toda la India fama bien ganada de ser unos usureros despiadados. Las otras tribus afganas, la mayoría guerreras, tienen otros puntos flacos. Secuestran, sobre todo a las mujeres, incendian y sacan la pistola y disparan por un quítame allá esas pajas. A este respecto, los clanes afridíes del paso de Khyber no se diferencian en nada de los de esta parte de la frontera. En los alrededores de Peshawar me encontré a gente de las tribus más montaraces, *zakka khel* y *kuki khel*, que habían bajado de las montañas de Afganistán, de las vertientes del Tartara, cuya puntiaguda cumbre es de una hermosura desoladora y maldita. Me gustaría que vieseis a esos hombres; corren durante veinte kilómetros con el pecho acribillado a balazos para poder morir en su tierra, en sus peñascos.

Entramos en un café. El señor Perris nos presentó a varios refugiados, partidarios del rey Ammanulah. Unos pobres desgraciados que tienen miedo hasta de su sombra. Young se puso a charlar con ellos en el poco persa que sabía. Perris nos señaló la casa de enfrente; allí se reclutaba a los hombres más dotados virilmente de esta provincia de frontera, para después enviarlos a las ciudades del centro de la India, donde las costumbres son más austeras y la elección resulta ardua. No se nos permitió entrar en la casa pero el señor Perris nos explicó cómo funcionaba la cosa. Hay una gran sala y sobre ella una balconada circular tapada por unos cortinajes. Allá arriba están las mujeres: viudas de otras ciudades, ricachonas con un insaciable apetito carnal. Abajo, en la sala, hay una mesa y unas sillas. Diversos candidatos se presentan, mayormente de las tribus menos levantiscas, holgazanes bien comidos a los que les gustan la música, el vino y las mujeres. Los animan con una sucesión de placeres, entre otros con un espectáculo de bailarinas desnudas. Y, en el colmo de su entusiasmo, se acercan a la mesa y exhiben la prueba de sus atributos masculinos. No es cosa de orgías, como se rumorea por otras ciudades, nos aseguró el señor Perris. No pasa de ser una demostración. Se contrata a los hombres por medio de un ceremonial muy sencillo. Siguen detalles cuya reproducción no procede.

Los estudios etnográficos del señor Perris son una caja de sorpresas. Por ejemplo, nos dice que es muy peligroso asistir a las danzas de las cortesanas. Nos habla al oído (aunque estábamos hablando en inglés y no nos entendía nadie en el café) y nos cuenta que todas esas danzas terminan en una habitación revestida de mullidas telas de alto precio. Naturalmente. Pero lo desagradable es que muy a menudo se oye un escándalo detrás de la puerta y entonces hay que tirarse al suelo (no conviene andar nunca por una habitación que tenga ventanas) y disparar con la pistola a través de la puerta. A veces, las cosas no se paran ahí. Los alborotadores prenden fuego (o amenazan con hacerlo) y hay que salir tal y como uno esté, disparando hasta agotar el cargador, al aire, claro está. No es que maten a mucha gente en Peshawar. Pero como les gusta tanto oír los tiros se ponen a dispararse unos a otros hasta que se les acaban los cartuchos. Es una maravilla ver a algunos afganos entusiasmados descargar las carabinas con una mano y con la otra jugar con un fusil de niño.

Quien quiera visitar el paso de Khyber y entrar en Afganistán (sólo unas pocas decenas de kilómetros) necesita un permiso del agente británico de la localidad, del encargado de asuntos de la frontera indo-afgana. Sólo los martes y viernes es posible cruzarlo. En noviembre de 1930, la frontera estaba cerrada: una nueva revuelta de los afridíes. (Experimentaban por entonces la lucha aérea contra las tribus insurrectas con la eficacia que luego se vio. Los pobres afganos se escondían en todas las cuevas...) Pero si algún jefe afgano de la India nos aseguraba una caravana de escolta, el agente británico no se oponía a darnos el visado de tránsito.

La India

Perdimos dos días con todas esas formalidades. El tercero, tomamos el tren para la frontera, con dirección a Landi Khotal. No llega a los cuarenta kilómetros pero hay treinta y dos túneles. El espectáculo era fantástico. Caravanas de hombres armados que suben a las montañas en cuyas recortadas cimas se alzaban las dentelladas murallas de los fortines Ali Masjid, Jamrud y Landi Khotal. De entrada, Afganistán parece un baluarte en ruinas, con las cresterías colgando del cielo, tan altas que sólo las águilas son capaces de llegar a ellas. Ese valle angosto, yermo y desolado (por donde sube el tren de Lalabegh a Landi Khotal) parece el puente de un castillo medieval. A una y otra parte se yerguen paredes de roca rojiza a modo de murallones de vertiginosa altura. Hace mucho frío, frío y viento. Las caravanas ya no tienen el aspecto natural y decorativo del Rajastán, del desierto de Bikaner. Los hombres van bien abrigados con una especie de jubón de piel de color ocre, con turbantes bien enrollados al cuello mientras sus carabinas penden balanceándose al paso de los camellos.

Aquí, en Landi Khotal, nos enteramos de que no podemos pasar la frontera. Han atacado a las caravanas y han aniquilado a los hombres. Unos refugiados de Kabul trajeron la noticia del levantamiento de las tribus vecinas del Beluchistán. En todos los fortines se están concentrando tropas. No obstante, si tuviésemos una escolta afgana... ¿Pero de dónde diablos íbamos a sacarla?

Temblando de pies a cabeza, salimos de la estación para ver mejor los alrededores, los picos sin nubes. Un soldado nos hace retroceder inmediatamente: es peligroso salir de la zona militarizada del ferrocarril. Damos media vuelta. La carta del señor Perris no surte demasiado efecto. Tenemos que encontrar una escolta.

En esas circunstancias, resolvemos volver a Peshawar y hacernos amigos del protector de Perris, un jefe de tribu de las cercanías de Takt-i-Bashi. Fue una decisión rápida. Al anochecer llegamos a Peshawar. Fuimos directamente a casa de nuestro anfitrión y le comunicamos los últimos acontecimientos.

Al día siguiente, tras un montón de peripecias que ya contaré en otra ocasión, salimos de Peshawar hacia Durgai. Era un día poco propicio: 13 de noviembre.

En Shantiniketan

A unas pocas horas en tren desde Calcuta, al oeste de Bengala, se halla una insignificante estación llamada Bolpur. El tren que sale después de mediodía nos deja allí al atardecer. La habitual tranquilidad de las aldeas indias, con interminables arrozales, palmeras al borde de la carretera y cabañas acurrucadas bajo los mangos. Al salir de la estación en dirección a la carretera, nadie sospecharía que a unos kilómetros, en medio de esta melancólica soledad, se encuentra ese jardín sin igual y «casa de la paz» llamado Shantiniketan. Aquí nació Rabindranath Tagore, y también su padre y su abuelo. Antiguamente, toda la comarca era un latifundio de la familia Tagore, una familia de príncipes. Aquí, en el corazón de Bengala, Rabindranath consiguió realizar el sueño de su mocedad: fundar una escuela donde no se castigase a los niños, hacer cultura sin perturbar la serenidad del jardín. Él fue quien le puso nombre al lugar: Shantiniketan, es decir, 'casa de la paz'. La universidad se llama Vishvabharti y significa 'de toda la India'. Tagore quiso hacer de su escuela, donde estudian chicos desde los seis hasta los veinticinco años, una institución que despierte la conciencia de la unidad india, pero sobre todo, una institución de cultura moral y espiritual de las jovenes generaciones indias. Quiso sustituir la pedagogía de la disciplina por la de la libertad e iniciativa personal; quiso hacer de los años escolares años felices, en lugar de los años sombríos y penosos de los demás muchachos. Partiendo de que el trabajo es alegría y no un castigo infligido al hombre, puso en práctica las reformas más audaces para hacer de la educación un juego y de la enseñanza un goce.

Aquí no hay ni aulas ni cátedras, sino que cada árbol del parque es un aula. Los niños vienen y se sientan con las piernas cruzadas, con la pizarra sobre las rodillas, alrededor del árbol en el que se apoya el profesor. Las clases se celebran en medio de la brisa perfumada de miles de plantas de flores blancas y aromas de incienso. Por las mañanas, el parque, esa inmensa aula, está repleto de centenares de niños y adolescentes de ambos sexos que aprenden al aire libre, sin otra sombra que la del árbol, bajo un cielo transparente y rodeados del perfume de millares de flores. Portan sus largas y cómodas vestimentas blancas, con sandalias o descalzos, y las chicas llevan trenzas adornadas con flores.

Únicamente en la estación de las lluvias las clases tienen lugar en aulas interiores, en unas salas grandes con luminosos ventanales, que parecen terrazas.

Los niños indios tienen una capacidad tan grande de concentración que un día presencié cuatro grupos dando cada uno su respectiva clase en la misma sala sin que a ninguno le molestara la presencia o las voces de los demás.

Tagore escribe en sus memorias que cuando era niño tenía un profesor particular muy severo que le daba clase todos los días. Sufría tanto que todas las mañanas escrutaba las nubes y pedía a los cielos que cayeran chuzos de punta para que no acudiera el profesor. Muchas veces quiso escaparse de casa siempre a causa de las clases y entonces pensó que, al igual que él, millares de chicos estarían sufriendo en toda la India y se preguntó si no existiría un medio de reformar esa bárbara institución que envenenaba los años más bonitos. Él, que amaba tanto a los niños que, además de innumerables libros de cuentos, canciones de cuna, juegos y bailes, escribió hace poco dos alfabetos para los niños bengalíes en verso corto, ilustrados por su propia mano con grabados en madera, Tagore hizo todo cuanto estuvo en su mano hasta conseguir levantar esta única «mansión de la paz»: Shantiniketan...

En el camino desde la estación hasta el colegio se pasa primero por la aldea de Bolpur, que se diferencia de las otras aldeas bengalíes porque allí se aplican los métodos de trabajo y de higiene introducidos por Rabindranath Tagore. Además, en seguida aparece el parque que rodea la «casa de huéspedes», construida por un tío de Tagore, donde todos los viajeros encuentran albergue gratuitamente, sea cual sea su nacionalidad o religión, con la sola condición de no comer ni llevar carne.

Gigantescas acacias, mangos y esbeltos cocoteros forman el parque que rodea la casa de oración de su tío, ahora mausoleo con vidrieras de colores y escaleras de mármol. A su lado, un árbol colosal de ramas bajas y entrelazadas como un paraguas birmano, con flores blancas, perfumadas, colgantes que parecen artificiales. Aquí meditaba su tío al amanecer y al ponerse el sol. Este lugar produce una impresión profunda y singular; diríase que todos los pensamientos buenos y serenos, todo el bienestar de sus meditaciones de santo moran aquí, en torno a las ramas y flores. De pronto, te encuentras henchido de felicidad, de bondad, y casi te da rabia el haber perdido el tiempo miserablemente tantos años devanándote los sesos y angustiándote para entender lo fácil y natural que es ser feliz.

Tras la «casa de huéspedes», el jardín pierde su solemnidad, los árboles se aproximan y se entrelazan, las hierbas y flores lo invaden todo, las escleras de piedra, las terrazas, los rincones de las habitaciones. Aquí comienzan las construcciones más recientes: la biblioteca, la oficina de correos, los dormitorios, los talleres, las residencias de los profesores europeos, los estudios, el museo. Las casas son completamente blancas, de mármol, con azoteas en lugar de techos, con ventanales grandes y bajos que persianas de bambú mantienen en penumbra en las horas de canícula. Es tanto el verdor y tan grande el silencio del parque que sorprende descubrir una casa tras otra, que pueda haber tantas en este lugar tan placentero. Se entra en ellas con la emoción propia de quien entra a un templo.

Veamos, por ejemplo, el taller de pintura. Es una casita bañada de sol por los cuatro costados. Dejamos el calzado a la entrada, pues los pasillos y las habitaciones están tan limpios que nadie osaría entrar allí si no es descalzo. Encontramos chicas sentadas a la turca junto a las ventanas, delante de los botes de pintura y pinceles sobre las alfombras, pintando con minuciosidad oriental cabezas de aguerridos dioses o pálidas bellezas con ojos almendrados y labios carnosos. El taller es como un santuario. El arte también tiene sus dioses y cánones y el artista es, antes que nada, un ser espiritual. No encontraremos ni frivolidad ni perversión alguna en las costumbres de los artistas indios.

La luz entra de lleno e ilumina todos los rincones donde se apoyan los rodillos y los marcos. A mediodía, el maestro, Abanindranath Tagore, hermano del poeta, hace una visita a los alumnos, va de habitación en habitación criticando con humor y bondad las pifias, errores o imitaciones de los discípulos. Pero todos trabajan solos siguiendo los dictados de su alma y de la luz.

La biblioteca es famosa en toda la India y el bibliotecario, el *pandit* Vidushekhar Shastri, está considerado como uno de los orientalistas más eruditos de su tiempo. Debutó con estudios sobre los Vedas y el Avesta y luego se dedicó al budismo convirtiéndose en un gran experto en lengua tibetana; recientemente, después del año que pasó el profesor Sylvain Levi en Shantiniketan, ha aprendido también el chino. La biblioteca se encuentra en un edificio cuyo segundo piso alberga los libros y manuscritos tibetanos con los que trabaja Shastri. Un lama tibetano y varios discípulos de origen himalayano se encuentran allí siempre, traduciendo los textos budistas al sánscrito. Hay una atmósfera tensa, y sin embargo, serena de trabajo duro y sin crispación, una atmósfera de templo y de laboratorio.

Por otro lado, la aportación más importante de las experiencias de Tagore en Shantiniketan a la pedagogía y a la cultura es el hecho de que allí se trabaja con idéntica eficacia a la de cualquier otro colegio pero sin indisponer a los alumnos. Es más, se hace incluso investigación científica pura, sobre todo en orientalística. Los estudiantes formados en Vishvabharati gozan de un gran prestigio por doquier. La universidad publica una revista moderna muy leída, *Vishvabharati Quaterly*, numerosas obras de Tagore en idioma original y traducciones, y muchas monografías científicas. Casi todos los años acuden sabios europeos a trabajar y a dar cursos. A veces se dan cita allí las más reconocidas autoridades de la orientalística. Algunos de los profesores son europeos y tienen sus residencias especiales al lado del parque.

El ambiente de trabajo, la iniciativa y reforma de Shantiniketan también están presente fuera del colegio. En todo el distrito se trabaja en la agricultura según el modelo de granja preconizado por Tagore. Los aldeanos no aprendieron sólo los versos del poeta: aprendieron a aumentar la producción y a luchar contra la malaria.

Por la noche, el parque de Shantiniketan parece embrujado, tan sobrenatural es su silencio y tan irreal parece la belleza de los senderos entre los bosquecillos de flores que exhalan un olor tan penetrante como las esencias, bajo los cocoteros plateados por la luna. Imaginad una noche de luna, con una luna atemorizada, hipnotizada, sugiriendo la fría felicidad de las almas en un paraíso pagano, y todos esos susurros, silbidos y sombras que distinguen un país de serpientes de otro de grillos. Todo el mundo se acuesta temprano ya que aquí se levantan antes de amanecer pues ése es el momento idóneo para la meditación. La luz se apaga a las nueve y quien tenga que quedarse despierto usa una vela blanca con la llama siempre trémula por la brisa...

En Shantiniketan se celebra la fiesta más fascinante de la India, el *Holi*, o fiesta de la primavera, el mes de Falgun, entre marzo y abril. Sin ninguna intención pedagógica, Tagore ha sabido hacer de la celebración de la primavera un canto a la alegría y embriagar el alma humana de luz y de danza. El *Holi* en Shantiniketan adquiere una tonalidad folclórica insospechada. La fiesta se purifica y se eleva como una ofrenda gratuita a la primavera, las danzas y los juegos de los estudiantes evocan la justificación del bien por la placidez, propio de la concepción de Rabindranath Tagore.

Para él, *Holi* significa en primer lugar una festividad con danzas, cantos y escenas de teatro compuestas por el poeta, el *Rabibabu*, el *gurudev*. Las cuatro mil canciones de Tagore se escribieron aquí, la mayoría con ocasión de las fiestas. Unos días antes se aprenden las canciones y se ensayan las representaciones teatrales. Tagore es el primero en ejecutar una nueva danza y después lo hace un grupo de muchachas primorosas. Todos esos preparativos no tienen nada de ceremonioso ni de didáctico. Los niños aprenden a gozar al máximo de la primavera, a encontrar un nuevo pretexto para juegos. Para ellos las festividades son una alegría mayor que los placeres cotidianos. El baile y la música son antes que nada su juego, al que ellos se entregan con pasión.

Por la mañana, el poeta baja de su casa con terrazas orientadas a levante. En el parque están esperándolo y le espolvorean polvo rojo y agua de colores. Allí en ese parque sin igual inundado de penetrante fragancia, comienzan los cantos en loor de la primavera, con Rabindranath Tagore rodeado de niños; su voz resalta sobre la de ellos. Su indumentaria blanca ahora es de un púrpura juvenil. El polvo que le arrojaron ha teñido su pelo de mechones de color grana. Tagore coge a un niño con cada mano y comienza la danza en medio de esa vorágine de nubes bermejas, de canciones y de alborozo. El parque, el verde esplendoroso de la primavera y el cielo tan azul y tan cercano, conforman un prodigioso decorado. Varios centenares de alumnos de ambos sexos danzan formando corros más grandes o más pequeños, y las orquestas del colegio, con *vina, mridanga* y *damaru*, todos esos violines, tambores y tam-tames, acompasan la danza, la sostienen y la animan.

Se diría que es una alucinación o un espectáculo sobrenatural, es un encantamiento en el que se mezclan impetuosamente tantas alegrías y tantas dimensiones. No es únicamente una fiesta libre de la primavera, tampoco es un mero festival artístico. El juego los arrastra a todos pero no atonta a nadie pues tras los cantos y el ritmo se intuye el genio del poeta y su serenidad y la alegría nunca se desboca hasta llegar al desenfreno o la estupidez.

Como en un sueño, se entrevé en la fiesta de la primavera la de la otra primavera, la del alma a la que la incandescencia del cielo, la llamada de la flauta y las palabras del poema dan nuevos bríos, una imagen nueva.

Esa algazara del parque dura horas y horas, el púrpura de las ropas es ocasión de juegos y luces. Desaparecen las diferencias de edad, los profesores son víctimas de la misma irresponsable espontaneidad y los alumnos les ganan en vivacidad, en alegría y, en suma, en bondad. No se puede seguir siendo el mismo después de ese derroche de genio, de lirismo, de danza y de luz. No se puede guardar en el alma la escoria de las desilusiones o las angustias del destino. El *Holi* te penetra y te traspasa como una indefinible emoción que a la vez te destroza y te refuerza. Toda la oscuridad y desdicha que subsistía en tu alma, la repugnancia y el desánimo se borran ante la danza de la primavera, se esfuman ante los cantos y los juegos. Una auténtica palingénesis, una prodigiosa virtud de hacer de cada ser humano un ave fénix pues cada uno renace de él mismo, de lo que quema y purifica en el milagro púrpura de los juegos.

Por eso, cuando concluye el espectáculo representado en el parque por los muchachos y muchachas, se queda uno atontado de haber asistido a una explosión tal de humanidad y de alegría, mezcladas en un solo día en una misma copa que la mano de Tagore te llevara a los labios. No era una simple obra teatral salida de la pluma de un poeta de este siglo, sino un misterio con revelaciones terriblemente simples, con un único mandamiento y una sola moral: que sólo la alegría plena, máxima y colectiva justifica y delimita el bien. Y un único deber: el de ser feliz...

Habla Rabindranath Tagore[53]

—...Y entonces el deber se comprende y se siente sin ninguna oposición, directamente en el alma. El deber frente a uno mismo, egoísta en apariencia pero, en realidad, de un emocionante altruismo. Pues cuanto más profundamente nos vemos y nos abandonamos al hechizo de la meditación, de la contemplación (un ejercicio tan concreto en nuestro país, en la India, como inédito y difícil para vosotros, los europeos), tanto más el alma descubre y aviva en su interior el amor por el mundo, por toda esa creación que no es sino otro de nuestros miembros, otra de nuestras almas. Me has preguntado qué recuerdo de Bucarest, si es que recuerdo algo. Yo no tengo recuerdos, sólo tengo alegrías, dolores, sueños y quién sabe qué más, pero recuerdos no. ¿Y por qué no? Porque me opongo con todo mi ser a la muerte, a todo lo que antaño estuvo vivo y fue libre y ahora está encerrado y cosido en el tejido de la historia y de donde nadie puede sacarlo so pena de sacrilegio. Mi alma tiene horror por el estancamiento, por la muerte, por el sistema que sólo es sistema. Y, perdóname, yo no soy filósofo como mi amigo Surendranath[54], pero la memoria, el re-

---

53. En el *Diario íntimo de la India* ya citado, Eliade se refiere extensamente, desde otra perspectiva, a esta visita a Shantiniketan y a sus encuentros con Tagore. [*Nota del traductor.*]

54. Se trata del profesor Surendranath Dasgupta, el mayor historia-

La India

cuerdo intermitente y distanciado de lo que uno fue un día, eso es la muerte. De modo que... Pero me preguntabas por Bucarest. Pues bien, fueron tan buenos conmigo, tan cálida la acogida y se sintieron tan próximos a mis obras... y el pobre rey Fernando y la reina María me hicieron el honor de invitarme a palacio, donde el almuerzo fue tan familiar como aquí en Oriente, donde el poeta era el que consolaba y aconsejaba al rey... De Rumania, como de toda Europa, me traje alegrías... ¿Has visto nuestras luciérnagas en el verano, aquí, en Bengala? Racimos de zafiros cuelgan de los árboles, centellas que vuelan y caen sobre las manos y los hombros. ¡Y qué alegría cuando la suerte nos regala esas gemas vivas, filones menudos de luz, farolillos alados! Y uno se pregunta: ¿Por qué me da Dios tanta alegría, a mí, que soy un miserable? ¿Por qué me colma con el éxtasis de sus prodigios si yo no los entiendo y, ciego como soy, no los veo? Y nos ponemos a rezar de alegría y a llorar sin darnos cuenta. Tanta vida, tanta nostalgia, tantas danzas y tantos himnos a nuestro alrededor. ¿Lo entiendes? Quizá no lo entiendas.

Ayer tarde me preguntabas lo que la India podría enseñaros a vosotros, los occidentales. Mi amigo Surendranath, que es tu profesor y el gran filósofo de Bengala, te lo podía haber explicado mejor. ¿Por qué me lo preguntas a mí? Y, sobre todo, ¿por qué me lo preguntas estando un filósofo delante? Amigo mío, yo no soy más que un poeta pero un poeta indio. No puedo darte ni un sistema ni explicaciones. Pero sí puedo decirte algo que los filósofos no sabrían decirte: cómo vivir y cómo oponerse a la muerte, al agotamiento, al dogmatismo, a lo definitivo, a la rigidez del espíritu. Todas esas cosas son otras tantas caras de la muerte, y de la peor: la muerte de la inteligencia y de la vida interior. Y eso la India puede enseñárselo a vuestro Occidente soberbio y mortuorio. La India puede descubrirle a Europa no una verdad sino una vía, y esa vía la estamos recorriendo nosotros aquí, en la India, desde hace cuatro mil años. La India puede enseñaros que la vida espiritual (¡ah, qué hueca y traidora es esa palabra! Pero tú ya sabes lo

---

dor de la filosofía india y uno de los pensadores más profundos que existen en Asia. [*Nota del autor.*]

que entendemos los indios por vida espiritual) es alegría, es goce y danza, unas veces desenfrenada y salvaje, como las lluvias de Bengala, y otras serena y elevada, como las cumbres del Himalaya. La vida espiritual es inocencia y libertad, drama y éxtasis. Ah, palabras, palabras... Pero trata de ver lo mucho que hacemos con esas palabras. Nuestra danza no es estética, tal vez ni siquiera sea hermosa, quién sabe, ¿pero has sentido su ritmo, has captado el estremecimiento de armonía cósmica que expresa extáticamente el danzarín en un movimiento cuyo misterio es impenetrable pero cuyo efecto en nuestra vida es enorme? Así es nuestra vida espiritual. Nosotros siempre decimos: realicemos tal o cual idea, tal o cual estado de ánimo. Veo que vosotros también habéis adoptado ese término, pero nada más. Porque, Dios santo, ¿es que acaso puede realizarse una vida interior en medio de esas cavilaciones filosóficas vuestras y en esas ciudades industriales, mecanizadas y automatizadas? Todo lo más, se pueden escribir libros, dar conferencias y abrir nuevas universidades. El cristianismo de un san Francisco o de un Neuman no fecundan ya la vida de Europa. Todo lo más, subsiste una nostalgia en un cierto tipo de hombres, llenos de buenas intenciones pero nulos en cuanto a realizaciones. Ten muy en cuenta que la India sólo tiene ojos para las realizaciones, para la vida, para el grado de realización espiritual y de felicidad mental que alcanzan los hombres que se consideran adeptos a un dogma. Los dogmas no interesan o interesan sólo a los especialistas, una categoría de hombres que, por desgracia, vosotros, con vuestra educación universitaria, habéis trasplantado aquí. Nos han obligado a estudiar según los modelos europeos, a llenarnos la cabeza con la historia de Inglaterra, que nos humilla, y con una porción de ciencias inútiles, o incluso peligrosas, cuando uno no las estudia por inclinación propia sino por ordeno y mando. Y nos han obligado a hacer todo eso porque un estudiante indio, si tal no hiciera, se moriría de hambre...

Yo no digo que la India sea un país perfecto, aéreo y virtuoso. La India es un continente desgraciado, pecador, mestizo, maltratado por la historia y no reconocido por los historiadores, un continente que me repugna (por eso voy tanto a Europa), pero siento lástima por su gloria y su genio que se están transmitiendo

La India

con toda viveza a través de la tradición oral y de la literatura escrita desde hace tantos miles de años. Con los años que llevas aquí, habrás constatado lo orgánica y auténtica que es la educación india. Yo mismo he intentado en Shantiniketan realizar otra cosa, algo bendito y concreto. Integrar la educación escolar en el gran deber del hombre: el conocimiento de sí mismo y el amor a la naturaleza. Esos dos instintos, que para mí son los grandes deberes de una vida plena, son absolutamente ignorados en la educación europea. Vosotros empezáis a conocer a la naturaleza después de haberla matado, de haberla empaquetado en los museos y de haberla esterilizado en probetas. En cuanto al conocimiento de sí mismo, tú me has repetido algo de lo que me convencí hace mucho: que, en Europa, el sentido y la sustancia de ese proceso de orden místico están completamente viciados y alterados. Y todavía me hablas de la elite. Pero ¿y los europeos ignorantes, los obreros industriales, los campesinos? ¿Cuál es su contacto íntimo, efectivo y continuo con el alma, con los valores del espíritu, con la felicidad de la meditación? En cambio, aquí has podido ver que la meditación está universalmente extendida. Has visto en Calcuta a mozos de cuerda leyendo por las noches el *Ramayana* a la luz de las farolas. La lectura no es algo frívolo y superficial, como ocurre en Europa, entre el vulgo. La lectura de un libro sagrado (y en la India son pocos, por eso la gente sólo conoce esos libros pero los conoce muy bien, casi de memoria) es un ejercicio de puesta en escena, una representación dramática que se realiza en el alma del lector, en su proyección fantástica (si me aceptas el término). El lector está subyugado por el drama épico y religioso al que asiste, fíjate bien, que lo emociona, lo sobrehumaniza y que lo mejora espiritualmente con cada lectura...

Tu observación de que en la India no hay idolatría (no quiero arriesgarme a opinar sobre las tribus totémicas) es tan justa que me lleva a compartir contigo unas opiniones que ya había expuesto en la primera de mis novelas, *Gora*, pero que todavía no había explicado lo bastante. Tienes razón, en la India no hay idólatras mientras que en Europa son legión. Y no hay idólatras aquí porque ningún creyente reza a la imagen del dios, sino que aprehende esa imagen, la amasa en su mente hasta asimilarla interiormente y después le hace ofrendas o practica el ritual correspondiente. El dios sólo es el vehículo de la imagen interior que el creyente *ha animado* y *ha dramatizado*. Una vez más el proceso de interiorización, de actividad fantástica, de que te hablaba antes a propósito del *Ramayana*. Pero ¿por qué decirte cosas que ya sabes? Me alegro mucho de que las sepas, aunque no son los libros los que te las han enseñado sino el privilegio de vivir, pensar y sentir entre los bengalíes. Nosotros, los bengalíes, somos los mediterráneos de la India; sentimentales hasta el exceso, sutiles para la dialéctica y con gran capacidad de abstracción para la mística, pero somos desordenados y, sobre todo, nos falta espíritu de solidaridad.

Pero Bengala representa hoy lo más vivo, precioso y original de la vida espiritual de la India.

...¡Oh, Europa! Con sus fábricas, con el Molok de su civilización. Vosotros, los europeos, sois cada uno una fábrica. Mira, aquí en Shantiniketan hay un joven alemán estudiando sánscrito y traduciendo la gramática de Panini[55]. Pues bien, es una industria. La primavera no tiene para él esa virtud enervante, no es esa locura de juego, goce y creación, como ocurre, y tú lo sabes perfectamente, con la primavera bengalí. Pero tal vez, tú tampoco lo sepas. No te enfades. Yo os quiero a todos, jóvenes que trabajáis con un ahínco y una fuerza asombrosos. ¿Por qué esa calvicie y esa frente arrugada? ¿Ves, amigo mío? Cualquiera diría que vuestro trabajo es una maldición. El nuestro es alegría, libertad, juego, es decir, creación. Eso es lo que me gustaría que aprendierais de nosotros: que el trabajo es el sentimiento más exacto del hombre pues es similar a un inmenso corro donde danzas asido de las manos de dos hermosas muchachas para ensalzar a la vida, a Dios, a ti mismo y a tu propio amor. Esto todavía no se conoce en Europa. Allí el trabajo es crispación y sufrimiento. Yo soy viejo, tengo setenta años. Duermo tres o cuatro horas al día. Me despierto an-

---

55. Prestigioso gramático indio del siglo IV a. C. cuya autoridad fue tal que su doctrina se convirtió en la norma universal. En lo sucesivo el sánscrito clásico sería el definido y normativizado por Panini. [*Nota del traductor.*]

tes del alba y me voy a la terraza. Allí, mientras llega la aurora, me pongo a meditar, a rezar y a cantar. Y luego, empiezo a trabajar. He escrito cerca de doscientos libros y cada línea ha sido un deleite. Pues el mayor de los pecados es oponerse a la alegría, a la vida que nos ha dado Dios, a nuestra alma. He escrito cuarto mil canciones y he ideado muchísimas danzas. Una la has visto aquí y me han dicho que estás aprendiendo canciones. Pero ten mucho cuidado, que no se enteren tus profesores en tu país. Yo sé muy bien cómo son, pues siguen las pautas de vuestra ciencia y vuestra filosofía. Vosotros creéis que la verdad es siempre solemne, que la alegría es frívola y que la danza y el canto son incompatibles con una educación científica. Errores puritanos que todavía perduran después de muerto el puritanismo. Para mí, todos esos aspectos se ensamblan entre sí, pues cada uno expresa el ritmo y la alegría de la vida, la diosa que canta y llora en cada gota de rocío, en cada brizna de hierba, en cada pensamiento y acción de nuestra vida. Eso es lo que puede enseñar la India a vuestra humanidad: que el primero y último de los deberes es la realización consigo mismo, y eso se traduce en alegría, danza y éxtasis.

Pero no me sigas preguntando. Está anocheciendo y aún tengo otros amigos que atender. Ven mañana. Y un día te concederé una entrevista para tus lectores. Aunque no suelo darlas pues yo no soy lo que se dice un filósofo y necesito tiempo para responder a las preguntas difíciles. Pero te diré lo que vas a hacer. Envíame con un día de antelación las preguntas por escrito, las meditaré y cuando vengas las discutiremos. También estará Suren, ya que el entendido en filosofía es él. Pero, dime, ¿no es cierto que las noches aquí son maravillosas? ¿Acaso pueden encontrarse en la admirable Europa noches como éstas? Aquí reinan un silencio y una paz contemplativa y se diría que en alguna parte está ardiendo la llama mística de la Madre India. ¿No la sientes? Por eso vuelvo siempre a la India, aunque casi la odie ahora por ser esclava de la pasión política. No la juzgues por lo que estás viendo este año. Mi país está pasando por una crisis. Y la mayor derrota no sería recaer en la esclavitud política sino en la pérdida de sus grandes atributos espirituales que ahora, transitoriamente, han perdido su supremacía milenaria. Sí, odio a la India donde comienzan a germinar las pasiones y a cernirse la oscuridad pero siempre que regreso a ella la encuentro con una alegría desbordante. Pues, como puedes ver, creo que solamente aquí podría crear libremente, como corren las aguas, como crecen las plantas. Y sólo a través de la India, a través de mi conciencia india, que profundizo y observo desde hace sesenta años, puedo encontrar la Unidad, al Hombre, la Vida y a Dios. Y cuando el amor a los hombres me sofoca, me voy a correr mundo. Así es, entre dos amores...

Shantiniketan, marzo 1930

Habla Srimati Devi...

En la India, toda mujer es Devi, diosa. Cuando se dirigen a una señora o señorita, cualquiera que sea su rango o su edad, no la llaman por su apellido sino que añaden Devi a su nombre. Una señorita que se llame Indira Sen, se convierte así en Indira Devi; a una señora Kamala Chatterji le dicen Kamala Devi.

Ese es un detalle muy significativo. La India no ve en la mujer ni a la doncella ni a la amante. La India ve sólo a la diosa, únicamente el sacrificio creador, la madre. Cualquier otra virtud femenina palidece ante ésta. Se adora a la mujer porque es madre o lo será. Por eso, cuando se conoce bien a una mujer para poder llamarla Devi, se la llama madre. Independientemente de que sea una muchacha del campo o una adolescente estudiante.

Sobre la mujer asiática, especialmente sobre la india, se han escrito innumerables tonterías. Pintorescas y verosímiles, se han aceptado porque halagan bien nuestra imaginación o los prejuicios de occidentales civilizados. Fijaos ahora en lo que dice una india. Voy a transcribir unos fragmentos de cosas que oí hace mucho, una noche de febrero en una terraza de Bhowanipore.

–Por regla general, nuestras hermanas de Europa y América sienten lástima de nosotras. Suponen que las mujeres indias están avasalladas en los harenes, privadas de cualquier distracción y libertad y que anhelan su liberación. Es verdad que hay algunos casos así, pero no pertenecen a la sociedad hindú. De hecho, las europeas ven en nuestra vida una existencia desprovista de amor romántico, de aventura, una vida en donde todo está previsto. De ahí que saquen la conclusión de que somos unas infelices. Pero, a decir verdad, nos sentiríamos desgraciadas, tristes y forzadas si tuviésemos que llevar la vida que ellas llevan allí, en medio de la libertad de los instintos y de la confusión social. En primer término, a nosotras no nos interesa la libertad. Ésta no pasa de ser una ilusión de la que antes o después se acaba por renegar. Nuestra vida viene determinada por el sino, por el *karma,* y cualquier evasión lo único que hace es apretar más aún las cadenas del destino. Además, no creemos que el romanticismo sea indispensable para la felicidad. Para nosotras la felicidad no es un capricho; no es, por lo tanto, un momento pasajero e irresponsable, una simple fatuidad pasional o sentimental. Nosotras llamamos *moha* a ese tipo de pasiones, pero eso no es la felicidad. No sé si usted me comprenderá pero para una india la felicidad no reside nunca en la iniciativa sino en la institución, es decir, en su completa entrega a un ideal que proviene desde hace miles de años, el ideal de la familia, de la educación de los hijos. No existe beatitud y liberación final más que si renunciamos a los caprichos pasionales, efímeros, simples turbaciones, y buscamos la perfección de nuestras madres.

Además, no estamos solas: con nosotras tenemos la experiencia de muchos miles de años de castidad, de orgullo maternal, de dignidad y de heroísmo. En todos los rituales religiosos nos comunicamos con la imagen de nuestras antepasadas. No nos separamos nunca de nuestras madres...

Nuestras hermanas de Europa dicen que nuestra vida es monótona y que somos unas esclavas. Usted ya habrá tenido tiempo suficiente para convencerse de que no puede hablarse de esclavitud. La esposa es la dueña del hogar cuando ya no vive su suegra. Es ella la que guarda el dinero, la que decide las compras, la que lo gobierna todo. El que no se vean mujeres por la calle no quiere decir que no puedan salir, sino que no quieren, la calle no les interesa, no quieren perder el tiempo. Se habrá convencido de que una casa india es muy diferente de las de otras partes. Primeramente, en cada casa india hay entre diez y treinta miembros.

Luego, la responsabilidad de la buena marcha recae sobre la esposa. Ya sabe que la mayor satisfacción que puede darle a una india es pedirle que le sirva, que le dé de comer, que le cosa algo, que le caliente leche o que le limpie la habitación. Nosotras no tenemos la aristocracia de la pereza. Somos felices fregando y limpiando una casa entera. *Seva*, servir, es el ideal de cualquier india. Pero, lo repito, nosotras lo hacemos porque nos gusta, no porque nos lo ordene nadie. Con los sirvientes que tenemos, si no nos gustase trabajar, podríamos dedicarnos a holgazanear y la casa no estaría menos limpia.

A nosotras nos entusiasma la vida de nuestras hermanas de Europa, pero solamente en el cine. Por eso habrá visto lo concurridos que están de mujeres indias los cines de barrio. Creo que una mujer europea tiene una indecible gracia porque hace cosas de hombre. Nosotras nos divertimos en casa imitando a los hombres, remedando sus aires de superioridad. Pero desde que llegó el cine, preferimos divertirnos viendo a las actrices blancas.

A veces nos morimos de risa, pero cuando en la pantalla hay una tragedia nuestros maridos nos riñen. Es fantástico ser europea, pero ¿cómo resisten ellas a un cómico tanto tiempo? Nosotras nos moriríamos de aburrimiento. Ellas ven a tantos hombres que les falta tiempo para pensar en ellos, para saber si tienen que guardarse de ellos o no. Llevan una vida muy monótona. Una vez fui con unas familias indias a un *garden party* y estuvimos oyendo jazz. ¿Sabe una cosa? En mi vida oí nada más monótono y más ruidoso que esa música. Sin embargo, dicen que el jazz exalta a las mujeres blancas. Qué cosa tan rara...

...Usted ya sabe lo pintoresca que es la vida de una esposa india. Sobre todo, es una vida llena. Vemos poco a nuestros maridos pero todo cuanto hacemos, lo hacemos pensando en ellos. Por eso nos oirá cantar todo el tiempo. Nunca hartamos al marido con nuestra presencia, sino que lo dejamos que nos busque. Mire, nosotras no nos casamos por amor, el amor viene después de habernos casado. Amamos a nuestro marido porque es el que nos ha sido destinado. Además, todo el mundo sabe que hay tres actos capitales en su vida en los que no puede intervenir: el nacimiento, el matrimonio y la muerte. Nacemos, nos casamos y morimos conforme al *karma*. Por esa razón, nuestro marido es verdaderamente nuestro, desde hace miles de años, a través de muchas transmigraciones. Con una cosa tan esencial no hacemos experimentos. Por eso existen tan pocos matrimonios infelices en la India y casi no existen divorcios.

...Todas las mujeres indias suspiran por imitar a alguna de las protagonistas del *Mahabharata* y del *Ramayana*. Todas quieren convertirse en diosas. Con esa altura de miras, ¿para qué queremos la libertad caprichosa de nuestras hermanas europeas? La desparramaríamos como pétalos de rosa en el río, pero terminaríamos quedándonos siempre en el altar de la orilla. Pues, ya ve, no hay felicidad pasajera, no hay más beatitud que en la eternidad. El resto es cine y jazz...

Durga, la diosa de las orgías

...La diosa vive en los montes Vindhya y sus bacanales de carne, vino y sangre ya los conocía yo por el pasaje del *Mahabharata* en el que Durga, la diosa virgen, mató a Mahesha, el dragón del miedo. Durga, diosa de cuerpo negro, semejante al azul oscuro de Krishna, con plumas de pavo real alrededor de su frente, de ancha sonrisa, símbolo de las orgías tántricas. Pasé semanas de arduo trabajo siguiendo sus progresos y su victoria a lo largo de las efusiones sincretistas en la Bengala de la Edad Media. La historia de Durga[56] la conocen y la cuentan con entusiasmo y devoción los *pandits* acostumbrados a no perderse en un piélago de manuscritos. Hermana de Krishna, luego esposa de Shiva, al principio virgen cruel más tarde llamada Uma, identificada con lo más sagrado de la India, los Vedas y los Brahmanas[57], su virginidad sustituida por arrebatos orgiásticos, y después, todos esos nombres, leyendas y episodios sangrientos, salvajes... ¿Quién puede penetrar y dominar su historia oscura y sagrada, salvo sus fieles instruidos que la adoran con sangre y flores?

56. Su nombre significa 'la Inaccesible'. [*Nota del traductor.*]
57. Textos destinados a explicar las fórmulas y versículos de los Vedas y donde se interpreta *lo brahman*, 'lo Absoluto'. En ellos se formula la equivalencia *atman-brahman* de que habla el autor en las páginas 173 y 180. [*Nota del traductor.*]

...Octubre. Ha habido temporales en el Golfo. Los barcos de las compañías de Java y Hong Kong llegan con retraso. Interminables lluvias, como en pleno monzón. Y, de pronto, la calma del trópico, con la fragancia perfumada de la jungla. Una brisa nueva, refrescante, barre la ciudad en vísperas de la Puja.

Ha sido una semana fecunda, con *samkirtan*, esos coros místicos, monótonos, plañideros o excitantes alabando el nombre de Krishna y que terminan en arrobamiento y llanto. Con visitas a casas aristocráticas donde los bengalíes bien educados te acercan una silla para que te quites los zapatos y, en calcetines, puedas aproximarte a la imagen de Durga, cargada de alhajas y ebria de ofrendas florales. La semana en que tú, envidiado europeo, puedes deleitarte con *singara* ardientes y picantes o con *dud-pede* dulces y *rasa-gula*, esos incomparables buñuelos minúsculos de arroz triturado y miel. Y más té con leche que la hija de la casa te ofrece sin rebozo al saber que eres discípulo de una de las glorias de Bengala, y te invita a tomar mangos o melocotones, y te pregunta con toda cortesía si has aprendido a leer en bengalí y te permite que le hagas unas preguntas que tan sólo una *kumari* que hubiera ido a una escuela inglesa sabría contestar. Si tienes suerte, la muchacha trae a unas amigas envueltas en sedas, que están cuchicheando sentadas en una silla, se juntan todas en un diván y se ponen a charlar en *chalitbhashya*. Mientras tanto, el padre te muestra unos manuscritos sánscritos que descifras pasando el dedo por los renglones, y un tío rico hace algún comentario de política. A todos se les ve rejuvenecidos, embriagados por la Puja, la fiesta de Durga.

...Esa noche de octubre, la «madre» me preparó un grueso colchón y chales limpios en la terraza. «Madre» es sólo una expresión de respeto; es la única palabra pertinente para corresponder al cariño y a la bondad que manifiesta la esposa del maestro indio (tal y como mandan las Escrituras) a los discípulos. Éstos, jóvenes aplicados pero que aún lo tienen todo por aprender, viven en la casa de su maestro o en su jardín. No pagan, si bien colaboran en las tareas de la casa. En cambio, el gurú les revela los arcanos de la gramática, de la retórica y de la metafísica, y la «madre» mira por ellos y les teje vestidos blancos.

Durga, la diosa de las orgías

Se duerme bien en la terraza. Tumbado entre los chales no se ve más que un alminar blanco a lo lejos, la sombra de un balcón vecino y la pareja de esbeltas palmeras que nunca falta.

Algún día, cansado de tanto perseguir recuerdos, cantaré también yo los «Laudes» a mis camas porque, según la metafísica india, lo más específico de la India es la cama. No he olvidado ni la risa histérica de los chacales ni la incertidumbre de los sonidos de la jungla, resurrección fantástica e inimaginable del espíritu de la vegetación que sonríe y se divierte invalidando nuestros prejuicios sobre su inmovilidad. Pero para un espíritu amante de los matices, mínimos, grotescos y efímeros, el espasmo de la fronda en las copas de las palmeras gemelas es un tesoro. Es difícil acostumbrarse a él. Al principio, te despierta y cesa en cuanto abres los ojos. Es caprichoso: sólo lo anima el sueño de quien duerme en la terraza; y sólo lo hacen cesar los ojos que persiguen la pesadilla. Es imperceptible, por eso te ensordece, dilatado en el seudodelirio de la vigilia. Es monótono, por eso nunca puedes sorprenderle una nota de ritmo. A veces, se asemeja al grito de un pájaro herido, apagado por el estrépito de las grises aguas de un río. Es una manifestación aislada que te incomoda y te subyuga aunque perturbe tu sueño y te colme de añoranzas.

¿Cómo dormir? ¿Quién conoce la hora en que los gitanos agotan el canto de amor a Krishna y Radha y el juego del eros con las vírgenes de Vrindavanam? El órgano y los violines (*vina*), el *ersaj* y la *mridanga* con sonoridades de tambor largo y la melopea *Rama vanasya*... ¿quién podría olvidarlas para sumirse en un largo sueño?

Al alba, unos síntomas de resfriado despiertan al pobre europeo arrebujado en sus chales. Todavía falta una hora. Antes de dar las seis de la mañana ya estás en el patio, semidesnudo, y te bañas sacando agua de una alberca de piedra estrecha como un ataúd. Todo el mundo se baña en este barrio y las fuentes de la calle son manantiales para las gentes pobres. El té y de nuevo el jolgorio de las muchachas, los rezos de los ortodoxos y, como es el día de la Puja, baile, juego y risas junto a las ofrendas.

En el templo de Kaligat, célebre en toda la India y el más estimado de los altares de Durga, tengo un amigo entre los brahmanes que gobiernan el templo y viven de sus rentas. Él me guía entre millares de peregrinos; unos vienen desde Orissa (las mujeres son de tez muy oscura, perfil anguloso y mirada viva), otros de los confines del Nepal y otros de Assam. Me veo empujado por las nutridas filas de peregrinos y pobres que hace días que esperan para poder ofrecer su *puja* en una ancha hoja de árbol. Las mujeres han asaltado el altar de Shiva con el pozo sagrado (en el que un ojo penetrante puede percibir el *lingam*[58] del dios). Echan agua del Ganges mientras recitan *mantras,* y adoran con una increíble devoción al dios que hace germinar su vientre. Me permiten mirar por encima del altar y reconozco a algunas damas de la aristocracia de Calcuta, vestidas de seda, junto a aldeanas de Oudh, viejas beatas y doncellas descalzas y desgreñadas. Veo rostros conocidos y me acuerdo de nombres que oí con ocasión de festivales artísticos. Desde lo alto de la escalera, teniendo a mi lado al joven brahmán, lanzo una mirada a las filas de esposas a las que Shiva complació y comprendo el sentido del cactus de al lado, cargado de anillos de hierro, sus ofrendas.

El hormiguero humano que recorre las callejuelas que conducen al templo principal no cesa de gritar ¡Durga! ¡Durga! La gente espera a pleno sol con sus ofrendas de flores y manteca y no cesa de venir en un desfile interminable y las ofrendas se acumulan, aplastadas, a los pies de la diosa, a la que no pueden ver en la oscuridad del templo asaltado. No puedo abrirme paso ni siquiera hasta la pared. Doy un rodeo y llego hasta el pórtico donde se sacrifican los machos cabríos. Dos mil al día, ya que estamos en la Puja. Y aquí se agolpan espectadores y fieles. Soy el único blanco, pero voy con un brahmán de Kaligat. Un animal, y otro y otro y el verdugo trabajando con prodigiosa destreza, y la sangre que salpica por todas partes. Mañosos ayudantes recogen las cabezas y miembros. Aún calientes, los machos cabríos degollados pasan de mano en mano, los desuellan, los despanzurran, les sacan las entrañas y los trocean. Lo que sigue no lo veo, pero el humo que sube por encima de la gente me lo indica. No se puede estar ahí

---

58. Falo. El culto a Shiva tiene un componente fálico. [*Nota del traductor.*]

Durga, la diosa de las orgías

mucho rato; los animales hipnotizados por el pánico y el vaho de la sangre se abandonan en manos del experto verdugo. Ese vaho irrita, excita, desata los nervios. El sol quema y el hervidero humano que va atropellando y gritando ¡Durga! ¡Durga!...

Me encamino hacia el río pues ningún hindú concluye su ofrenda sin un baño en el Ganges, sucio a más no poder, con las aguas pringosas y fétidas. En las calles, en cada tienda hay un altar: Gabesh, Lakshmi, Krishna, Shiva. Se venden ídolos e imágenes rojas: es Durga. Te asaltan pordioseros lisiados, leprosos incurables, brahmanes vividores, yoguis y faquires de feria con pelambres de *sadhu* sucias de ceniza. A orillas del camino, se ven engañabobos con la cabeza enterrada y el compinche recaudando los cobres que les dan las mujeres de Oudh. O faquires tramposos parloteando tumbados en tablas de clavos y púas, vacas con patas en la cabeza y toda suerte de exhibiciones grotescas, odiosas y repugnantes que encandilan a los peregrinos y que las mujeres retribuyen con monedas de cobre.

Al principio, el espectáculo divierte, sobre todo si se tiene en cuenta que es un espectáculo de hinduismo degenerado, del hinduismo que realizó sacrificios humanos a Durga y la prostitución orgiástica que sólo unos pocos conocen pero que nadie puede revelar. Pero luego, el hastío se entrevera con el asco, una suerte de furia irrefrenable contra esa mescolanza de devoción y barbarie. El único consuelo es la serenidad de las mujeres de alcurnia, que cumplen sus deberes distanciadas de esa baraúnda, de las pasiones, de la sangre y de los gritos. Me refugio en la alameda que conduce, por la orilla del río, hasta el *ghat* donde se queman los cadáveres. Una madre espera la pira para su hijo muerto envuelto en una sábana sucia. Otra «tumba» acaba de devorar el cuerpo de un conocido comerciante de Shambazar. Uno de sus deudos remueve los tizones y descubre huesos a medio quemar. Se traen leños y chascas. Todo tiene que desaparecer hasta que no quede ni rastro. Cuando las brasas se apagan del todo, algún que otro cuervo se posa en la ceniza que todavía despide el olor a carne asada. Picotea desesperadamente el leño, pero no encuentra nada, nada, pues el cuerpo está desde ahora en el cielo de Durga.

Frente al *ghat,* un jardín de cipreses y fragantes arbustos. Me esperaban muchos amigos. Y todos me decían que... Mas, ¿para qué repetirlo aquí? En la India, lo sublime se mezcla con lo atroz, con el asco, con las supersticiones. Por eso fascina pero no irrita.

Calcuta, 3 de diciembre de 1930

Diálogo con un nacionalista indio

El día 22 de abril de 1930 me ocurrió algo que relato aquí no porque sea lo único ni lo más cruel de la historia de la revuelta civil de la India, sino sencillamente porque me pasó a mí. De oídas, por los periódicos o los libros, yo también conozco, como todos ustedes, decenas de otros sucesos más graves y espeluznantes. Pero vayamos al grano. Me encontraba en la bien surtida librería sánscrita de College Square 4, cerca de la universidad, frente a un parque con lago y palmeras. Parques como esos hay, por lo menos, dos docenas en Calcuta. Me sentía feliz hojeando libros preciosos y, como todo blanco que estudia filosofía india, estaba orgulloso pues confiaba en que algún día llegaría a ser un sabio.
Ignoré a la multitud que encontré congregada en el parque y en las calles. Una concentración política. Se pronunciarían los discursos de marras y grupos de estudiantes de ambos sexos saldrían para formar cordones ante las tiendas que venden productos ingleses para boicotearlos. La campaña de desobediencia civil estaba en su punto culminante; nada de eso era nuevo para mí. Había presenciado ya muchas detenciones y, al ser blanco, había encontrado ya muchas miradas cargadas de odio. Pues muy bien, me dije, y apreté el paso hacia la librería. Era el 22 de abril, no lo olviden; un mes desolador, con un calor pegajoso y extenuante. Resulta imposible pensar yendo por la calle. Eso sólo puede ha-

cerse bajo las aspas de un ventilador. Lo de afuera es un páramo exasperante de ruidos y bocinas de los coches; un desierto donde no se siente ninguna presencia humana por más que te vayas tropezando continuamente con seres de carne y hueso. Una vez que te pones el salacot y bajas las escaleras de casa, lo único que sabes es el número del tranvía que tienes que coger y el nombre de la parada en que tienes que apearte. Desde Bhowanipore, donde yo vivía, hasta College Sq. hay que atravesar media ciudad, hay casi una hora de tranvía, más transbordos y esperas. Recordaba vagamente quién era y mi mente era incapaz de hacer un esfuerzo mayor que el de un recuerdo. Un rato después, ni eso, sino solamente el cansancio imperceptible del cuerpo, las delicias del descanso y el animal bien educado, con salacot y gafas negras caminando por inercia bajo una pesadez ardiente.

Prolongaba mi visita a la librería cada vez más pagado de mi inteligencia y sabiduría. De repente, el bullicio del parque se estranguló y surgió en su lugar un griterío inhumano, un rumor de cascos de caballos corriendo calle abajo, en un zafarrancho de aullidos y lamentos; la multitud que se aglomera expulsada del parque, una carga con *lathi* (esos largos y siniestros bastones de la policía india), más gritos, más confusión. Todo había sucedido a una velocidad de vértigo. Apenas tuve tiempo de poner los libros en el estante y de correr hacia la puerta. Desde allí puede ver a la policía montada (la gloriosa *mounted police*) reprimiendo la manifestación estudiantil y ciudadana por las calles adyacentes. Los cordones de las estudiantes bengalíes rotos por los caballos, los bastones golpeando como un rayo a diestro y siniestro, sin cuidarse de a quién pegaban ni cómo. Cabezas rotas, miembros fracturados, eso se ve en todas partes. Pero lo que sólo se ve en la India Británica son niños pisoteados por los caballos, aplastados por las pezuñas y chorreando sangre de los bastonazos.

A los primeros heridos los trajeron a la librería. Algunos ni tan siquiera sabían escribir. Habían ido a la manifestación con banderitas tricolores de papel, simplemente para gritar *Bande mataram!* Tal vez los manifestantes los habían llevado como escudo. Suponían que la policía no cargaría a caballo contra los niños.

Diálogo con un nacionalista indio

Algunos estaban sin conocimiento. A uno le habían sacado un ojo, lo llevaba colgando como un huevo crudo ensangrentado; en el cuello, un reguero de sangre mezclada con polvo. Otro gritaba en silencio; era un grito que pugnaba por salir de su garganta, que parecía que iba a estallar pero no estallaba porque se trocaba en un estertor de desvanecimiento. La mayoría tenía el cráneo fracturado por los bastonazos y lanzaba un quejido sordo, como se quejan los niños orientales cuando no saben lo que les duele. Otros...

La librería se llenó de sangre y de lamentos. Era un hospital en miniatura, como debía de ocurrir en todas las casas indias, a decir de un *swarajista*. Yo miraba, avergonzado quizá del color de mis manos, furioso e impotente, sin saber si tenía que irme, consolar a los heridos o insultar a los ingleses. Un joven estudiante vestido con el *dhoti* de Khaddar se me acercó provocador.

–¿No es usted inglés?

–Gracias a Dios, no.

–¿Eso le divierte?

No tenía ganas de discutir. Pero el desconocido seguía, como si tuviera prisa por insultar a la raza blanca personificada en el primer blanco que le salía al paso.

–Y, no obstante, todo lo que han hecho es inútil. Pueden hacer aún más. Pueden meternos a todos en la cárcel. Pero somos varios cientos de millones. No tienen sitio ni para la milésima parte de nosotros. Toda la administración británica saltará por los aires si medio millón de voluntarios va a parar a la cárcel. ¿Y nuestras madres, nuestras mujeres? ¿Sabe usted lo que pasó en Amritsar en 1919? Las violaron con los bastones. Sí, puede usted leer el Informe del Congreso. Seguro que usted lo sabe sin necesidad de leerlo. Váyase por las aldeas y verá cómo actúa la policía. ¿Y qué es lo que han ganado hasta ahora? ¡Luchar contra los niños! Lo que hacen es absurdo pero están atenazados por el pánico, eso es lo que pasa: actúan con el miedo del que sabe que está jugando su última carta... ¡Los pobres cristianos...! Sin duda usted será cristiano. ¿Cómo excusa estos crímenes?

–Eso no puede excusarlo nadie –respondí al ver que el desconocido me repetía la pregunta–. Ellos son cristianos de domingo, como en toda Europa. Hablan de cristianismo y nada más. Por favor, no condene a ninguna religión por los hechos de los que se dicen sus fieles.

–Pero, *sahib* (esa palabra resulta burlona en labios de un estudiante), lo que usted dice es absurdo. Porque si la religión de ustedes no les ha hecho mejores durante dos mil años, tírenla y busquen otra mejor. Pero ustedes envían misioneros aquí, a la India. ¿Por qué no empiezan en su propio país?

–No comprendo por qué me trata como a un inglés –le respondí yo malhumorado porque empezaba a reunirse en torno nuestro un corro de espectadores.

–Pero ustedes también son europeos. Y si no se sienten avergonzados de lo que hacen sus hermanos en la India significa que tampoco les interesa y que ustedes se inhiben o bien que tienen miedo y son unos cobardes. A ustedes sólo les interesa Europa. Pertenecen ustedes a pueblos gloriosos, civilizados e infalibles. Ustedes son blancos. Permítannos despreciarles con toda nuestra alma. Nosotros somos superiores a ustedes por más que alardeen con sus libros y con su filosofía en los que nadie cree. Y somos superiores porque nosotros lo sabemos todo sobre Europa mientras que ustedes no saben nada sobre la India. ¿Por qué vino usted a la India?

–¿Yo? Para estudiar la lengua y la filosofía indias.

–¿Y no se avergüenza de lo que está viendo desde hace un año?

–Yo no tomo partido por nadie –contesté. La situación me estaba resultando embarazosa–. Yo soy apolítico. Sólo voy a pasar unos pocos años en la India. No me queda tiempo para otras cosas. ¿Qué quiere? Usted es un privilegiado. Usted nació en la India. Tiene tiempo también para la política. Yo volveré a mi país.

–Pero la política en la India no es política. Nuestra lucha por la independencia, *swaraj*, es la conclusión necesaria de toda nuestra metafísica. El principio fundamental de la metafísica y de la mística indias es que nadie puede salvarse por otro, que nadie puede encontrar la vía, la verdad, la libertad, por medio de otro. Nuestra lucha es acorde con el fundamento mismo de nuestra conciencia filosófica: que al igual que el alma no puede alcanzar la *mukta*

Diálogo con un nacionalista indio

si no es por su propio esfuerzo, tampoco la India podrá liberarse más que por su propio esfuerzo. No queremos ayudas externas. No pueden ayudarnos. Nadie puede intervenir en los destinos ajenos. No sólo que no tiene derecho, sino que tampoco puede hacerlo. Ya debe usted saber que esa es nuestra filosofía. ¿Cómo cree entonces Inglaterra que puede intervenir en el destino de la India sin cometer una infamia cuyas consecuencias algún día serán fatales?

–La Gran Bretaña no se plantea esas cosas.

–Tanto peor para ella. Porque considera que su dominio es de derecho divino.

–¿Pero es que acaso no les han proporcionado a ustedes una administración más eficaz?

–Mire, *sahib*, eso nada tiene que ver con la India. Nosotros no pedimos tener una excelente administración, sino una administración que sea nuestra. Sé que será peor, más impotente, con más carencias y abusos. Pero será la nuestra. La administración británica nos castra, nos crea conciencia de esclavos, nos vuelve cobardes. Después de cien años de dominación inglesa, a pesar de todos los trenes, las industrias y las ciudades modernas que han construido los ingleses, el pueblo indio está en los umbrales de la degeneración. Vivir bien no significa nada para un pueblo reducido a la servidumbre. Quienes piensan lo contrario ya son esclavos.

–Pero la India no tiene conciencia nacional –le interrumpí yo.

–Aquí no se plantea la cuestión nacional como en Europa. Para los indios, la India no es un país ni una nación. Hay demasiadas razas, religiones y castas. Los europeos se pierden como en medio de un caos y se preguntan qué es la India. Pues bien, *sahib*, ¡la India para nosotros es la *Madre*! Nuestro grito revolucionario y nuestro propio himno nacional comienzan con *Bande Mataram!* «¡Reverencia a la Madre!» Pregúntele a cualquier pelafustán, en el último rincón de la India, qué es para él la India, y le responderá que la Madre. Nuestra lucha no es abstracta, no se basa en principios ni se limita a reivindicaciones. Nuestra lucha es una cruzada para liberar a nuestra Madre. Por esa razón, no es una lucha política sino mística. Como dice el *mahatma*, alcanzaremos la libertad mediante la purificación, la renuncia individual, la no-violencia, la agonía. Nuestra política es un aprendizaje ascético. Nuestros políticos empiezan su carrera renunciando totalmente a sus funciones, a su fortuna, a su gloria, a cualquier posesión terrenal. Nuestros jefes son más pobres que nosotros. Nosotros no necesitamos genios políticos ni tácticas políticas. El *mahatma* no es un genio sino un santo. Carece de método táctico pero tiene sinceridad. Eso lo han reconocido incluso nuestros enemigos más acérrimos. Él es el único hombre que ha logrado basar la lucha política en la sinceridad.

—Y si, a pesar de todo, no tienen éxito, ¿intentarán otros métodos, por ejemplo, los europeos?

—Nosotros también tenemos nuestra extrema izquierda, grupos terroristas. Recurriremos al terror sólo cuando renuncie el *mahatma*. Pero hasta entonces, estamos ligados por la palabra dada a Gandhi: la no-violencia.

—Pero el terrorismo es un método genuinamente europeo.

—Nada de eso. Está perfectamente incardinado en la filosofía y política indias. Se encuentra ya en el *Arthashastra*, un tratado político escrito tres siglos antes de la era cristiana. La no-violencia se sitúa en el plano contemplativo, el *satvi*, mientras el segundo en el terreno de los estallidos de energía, el *rajasi*. Pero ambos pertenecen a la conciencia india.

—¿Pero y si recurriendo al terrorismo tampoco consiguieran nada?

—Siempre quedarán ellos —y señala a los niños heridos— para intentar otra cosa o volver a probar con la no-violencia. Mire usted, ésta no es una lucha de años sino de generaciones. La India sabe esperar porque la India no olvida. Estos niños no olvidarán la segunda campaña de desobediencia civil. Aunque ahora nos aplasten, a ellos no los podrán aplastar dentro de veinte años...

Se hizo un silencio desagradable. Saqué los cigarrillos y le ofrecí uno.

—Gracias, *sahib*, mi hermano murió en prisión por boicotear los cigarrillos ingleses...

Me miró sonriendo al ver que también yo renunciaba a fumar.

–Si lo que le he dicho le ha dado que pensar, pruebe a no fumar más cigarrillos ingleses... Buenos días, *sahib*...

Me saludó y se fue en el silencio de la atestada librería. Aquel 22 de abril no escribí nada en mi cuaderno.

MIRCEA ELIADE

HISTORIA DE LAS CREENCIAS Y DE LAS IDEAS RELIGIOSAS

Tomo III/2. Desde la época de los descubrimientos hasta nuestros días

Con Friedich Nietzsche y su frase «Dios ha muerto» se resumía uno de los cambios espirituales más importantes acaecidos en el mundo occidental en los dos últimos siglos. Pero, en contraposición, otros dioses, como Bhagwan o los de la astrología se importaban de otras culturas. Esta divergencia de los desarrollos culturales parece una contradición, sin embargo, C. G. Jung señaló hace ya unos decenios que todos los dioses también tienen su historia, se deben morir para que nazcan nuevo símbolos o para que resuciten.

Uno de los grandes universalistas en ciencias de las religiones de este siglo fue el científico rumano Mircea Eliade: no hay ninguna religión sobre la cual él no haya publicado algo. Su obra maestra, *Historia de las creencias y de las ideas religiosas*, quedó sin terminar a su muerte (Chicago, 1986).

Aunque ya habían salido a la luz tres tomos de la misma, faltaba uno que incluyese las religiones autóctonas de Australia, Oceanía, América del Sur, Central y del Norte, Japón, China, Indonesia y África Occidental (a ellas se deben conceptos tan fundamentales como mana, tabú o fetichismo). Este último tomo de la *Historia de las creencias y de las ideas religiosas*, ha sido posible gracias a la participación de varios especialistas que siguieron las directrices temáticas de Mircea Eliade. Volumen que, además, concluye con un capítulo sobre la creatividad y la secularización en Europa desde la Ilustración.

616 págs., encuadernación en guaflex con sobrecubierta.
ISBN 84-254-1889-5